나는
꼬마 빌딩
월세로
연봉을 번다

왕초보도 부자 되는 꼬마 빌딩 투자의 정석

나는 꼬마 빌딩 월세로 연봉을 번다

노창희 지음

포르체

건물주가 되는 가장 빠른 방법

대한민국에서 살아가는 사람들에게 '부동산'이라는 단어의 의미는 다른 선진국에서 말하는 부동산의 의미와는 다르다고 생각한다. 우리나라 사람들의 부의 축적 결과나 과정을 보면 부동산 투자가 굉장히 큰 비중을 차지한다. 투자라는 미래 지향적인 요소와 실거주라는 현실적 요소가 결합되어 있는 경우도 많다. 개인에게만 해당되는 것은 아니다. 우리나라에서 부동산 투자라는 단어가 나오면 90% 이상은 아파트에 대한 투자라고 봐도 무방하다. '아파트 공화국'이라고 불릴 정도로 아파트 투자는 가장 손쉽고 높은 부가가치를 창출해 왔다. 아파트 외에도 상가, 토지, 빌딩, 경매, 개발 등 부동산으로 수익을 창출할 수 있는 방법은 다양하다. 그만큼 많은 공부가 필요한 것도 사실이다.

이런 상업용 부동산 시장의 세계를 우리는 이 책을 통해 공부해 보려고 한다. 특히 중소형 빌딩의 건물주를 꿈꾸는 예비 건물주와 현재 건물 관리에 고민이 많은 기존 건물주들을 위해 이 책을 썼다. 4~5년 전부터 꼬마 빌딩이라는 단어까지 생기며 빌딩 투자에 대한 붐이 불기 시작했다. 2023년 말에 다소 소강 상태를 보였으나 좋은 위치의 가격 경쟁력이 있는 빌딩 거래는 지속적으로 이어지고 있다. 몇 년 사이 아파트 투자에 있어 대출이나 세금 관계에 매우 강력한 규제가 늘어났다.

그 이유는 좋은 지역에서의 공급이 부족했기 때문이다. 수많은 부동산 정책이 하루가 멀다 하게 시장에 쏟아져 나왔던 시기에도 부동산 전문가들은 걱정을 하면서도 실제로는 걱정하지 않았다. 그 정책들은 시장을 이기지 못한다는 믿음과 어떻게든 '돈'을 벌고자 하는 사람은 강력한 몰입으로 돌파구를 찾아내기 때문이다. 단순히 편법 같은 이야기를 하자는 것이 아니다. 그런 정책적인 문제, 수급의 불균형, 좋은 동네 신규 주택 공급의 부족, 각종 세금의 중과세 등이 맞물려 결국은 서울 강남지역 아파트 평당 가격이 평균 1억 원을 넘어서고 반포 등 강남권 신규 아파트는 입주 시 매매가격이 상상 초월로 올랐다. 과거 아파트 투자자들은 각종 대출과 전세제도를 통해 레버리지 효과(타인 자본을 이용한 자기 자본 이익률의 상승 효과)로 아파트를 매입하고 다시 되파는 방법으로 부를 축적해 왔다.

그런 손쉬운 부의 축적 방법이 어려워지자 투자자들은 다른 곳에 눈을 돌리기 시작했다. 바로 상업용 부동산이다.

대출 규제를 벗어나 낮은 금리로 많은 돈을 담보대출받을 수 있는 시기가 이어졌다. 신용에 따라 추가로 더 높은 대출도 가능해서 100억 빌딩을 80~90억 대출받아 매입한 사례는 너무나 많다. 책에서 언급하겠지만, 현재 중소 빌딩(꼬마 빌딩) 거래 시장은 주춤하고 있다. 가치가 많이 떨어지지는 않았으나 매수세가 약해진 것이다. 2023년 기준 미국을 중심으로 전 세계가 높은 금리의 세상으로 변했다. 금리가 가파르게 오르는 1년 동안 매매가 대비 80~90% 금액을 대출받거나 저금리로 대출받을 수 있는 세상이 끝나 버린 것이다. 그야말로 '고금리' 시대이며 당분간은 이런 세상이 유지될 것으로 보는 전망이 강하다. 개인적으로도 3.8%에 받은 건물 담보대출의 이율이 6.5% 정도 수준으로 올랐다.

건물 매매가 대비 20%도 안 되는 금액의 대출 비중으로 이자가 거의 2배 가까이 오른 것이 기분 좋은 일은 아니지만 이자를 내며 부동산을 유지하고 있다. 문제는 이른바 '영끌'한 투자자의 경우 심각한 상황이 연출되고 있다는 점이다. 영혼까지 끌어다 부동산을 매입한다는 그 영끌이다. 월 임대료 전체를 이자로 내더라도 3~5년 후 높은 시세 차익을 낼 수 있을 거라는 기대 심리로 투자자 본인이 거주하는 집을 팔거나 모든 가용 대출을 끝까지 탈탈 털어서 부동산을 매입하는 것이다. 매우 순조롭게 빌딩을 사서 건물주가 되었다는 프라이드는 빌딩을 계약해 내 것으로 만든 사람이라면 모두 느꼈을 행복임이 맞다. 그런 건물주가 된 행복은 지금이라도 다르지 않다.

문제는 매매 차손이 발생하는 '역마진' 상황에 놓인 투자자다. 대출 이자가 오른 것이 아무리 부담스럽더라도 건물에서 발생하는 월 임대료가 이자를 100% 막아 줄 수 있는 경우는 문제가 없다. 그 상태를 유지하며 2~3년을 더 지켜볼 힘이 있기 때문이다. 그러나 월 임대료로 월 대출 이자를 100% 감당할 수 없는 상황이거나 건물 내 주요 임차인의 이전을 통해 공실이 발생해 월 임대료 수입 감소가 발생한다면 심각한 상황이 연출되는 것이다. 그런 상황이 전역에서 발생하고 있다. 과거 활황인 시절에는 대치동 한 블록 전체에 매물이 건물 1개뿐이라 90억 건물이 계약 당일 매도자의 거부로 가격이 120억까지 뛰기도 했다. 그렇게 뛴 매매가격에도 바로 거래되었다. 그때는 건물을 사고 싶어도 살 수가 없었다. 이제는 100억 빌딩을 100억에 사는 한이 있더라도 매물은 찾을 수 있다. 마치 IMF 시절이 다시 온 것처럼 헐값에 부동산을 살 수 있는 상황은 아니다. 또 활황기처럼 높은 값이더라도 선점해서 빌딩을 사야 하는 시기는 아니다. 제값은 주고 부동산을 거래하되 원하는 지역에서 원하는 가격대의 매물을 찾을 수는 있는 정도의 상황이 현재 상황이다.

그렇다면, 이런 고금리 시대에는 어떻게 투자해야 하는지!
매입 후, 어떻게 가치 상승을 할 수 있을지!

햇병아리 건물주라면 무조건 알아야 하는 투자와 자산 관리 꿀팁을 모아 빌딩 투자 가이드를 이 책에 담았다. 좋은 지역에서 적정 매매가에 빌딩을 매입하고, 매입 후 노후도에 따라 하드웨어 가치 상승과 수익률 향상을 위한 각종 임대차 개선 사항 등을 중심으로 살펴보고자 한다. 27년째 부동산 자산 관리 분야에서 자리매김하며 대형 빌딩 임대 대행업무, 부동산 중개 업무 등 분야에서 한길만을 걸어왔다. 수많은 건물주와의 미팅, 거래, 자산 관리 스토리를 바탕으로 중소 빌딩 건물주가 소유자로서 알아야 하는 필수 요소를 담았다. 이 책을 읽는 예비 건물주 또는 현재 빌딩을 소유하고 있지만 고민이 많은 건물주에게 도움이 될 것임을 믿는다.

목차

프롤로그 건물주가 되는 가장 빠른 방법   005

1장 '이것'으로 건물주가 되어라

1. 건물주로 만들어 줄 로드맵 따라가기   016
   ① 건물주가 되겠다는 마음 품기   016
   ② 지나가는 골목길에서 사고 싶은 건물을 정하기   021
   ③ 상상력과 호기심 탑재하기   025
   ④ 아파트를 떠나 내 건물에 살면서 월세 소득 얻기   030
   ⑤ 사업을 운영하며 월세를 벗어나고 싶다면 이렇게 하라   035
   ⑥ 자녀에게 자산을 물려주고 싶다면 이렇게 하라   037
2. 정보의 변별력을 갖춰야 한다   041
   ① 어떻게 트렌드를 읽을 것인가?   041
   ② 핫플레이스가 된 건물들의 특징   046
   ③ 내 손 안의 스마트폰 활용   050
   TIP) 등기부등본 간단 확인법   054

2장 고금리 시대, 자신만의 투자 전략을 세워라

1. 건물은 있지만, 금리가 무섭다   058
   ① 매매 차손, 무너진 균형   058
   ② '영끌'이 만든 꼬마 빌딩 붐   061
   ③ 한 번 오른 가치는 떨어지지 않는다?   063
   ④ 고금리 시대를 이겨 내는 방법   064
   ⑤ 자기 자본 비율이 높은 투자의 필요성   065

3장 부동산, 어디에 투자해야 할까?

1. 부동산에 블루오션 전략은 없다   070
   ① 사람이 없는 동네, 투자해도 될까?   070
   ② 지금의 경제 위기는 IMF와 다르다   073
   ③ 성공은 임대차 관리에서 시작된다   074
   TIP) 우량 임차인을 입주시키기 위한 꿀팁   076
2. 성공하는 부동산 투자 포인트 3가지   079
   ① 돈의 흐름, 상권과 입지   079
   ② 투자자가 선호하는 지역, 위치 가치   081
   ③ 임대 수입의 증가 가능성을 파악하라   082

4장 빌딩도 브랜딩의 시대다

1. 내 건물의 이름값을 만들어라   086
   ① 지역의 변화를 읽고 있는가?   086
   ② 꼬마 빌딩을 랜드마크로 만드는 방법   088
   ③ 잘되는 건물에는 스타벅스가 있다?   088
   TIP) 건물주로서 체크할 것들   092
2. 건물에 아이덴티티를 입혀라   093
   ① 건물의 용도를 파악하라   093
   TIP) 건물 하자 리스트 (펀치)   097
   ② 지역에서 랜드마크로 등장하기 위한 준비   098
3. 내 건물을 랜드마크로 변신시켜라   100
   ① 대형 건물만이 랜드마크가 되는 것은 아니다   100
   ② 화제를 모으는 건물이 되는 법   105

5장 자산 관리의 개념을 알아야 투자에 성공한다

1. 수익성만 생각하지 마라   110
     ① 안전에 대한 중요성   113
     ② 고객 서비스가 곧 상품성이다   117
2. 중소 빌딩 자산 관리 주요 항목   121
     ① 자산 운용   124
     TIP) 렌트롤 주요 구성 항목   126
     ② 계약 관리   130
     ③ 건물 관리   135
     ④ 재무 관리   141
     ⑤ 각종 행정   147

6장 건물 리모델링과 신축 필수 전략

1. 건물의 가치 올리기   152
     ① 공사로 가치를 더할 수 있을까?   152
     ② 리모델링과 신축을 결정하기 전, 고려할 내용   153
     ③ 실패 없이 신축 빌딩의 주인이 되는 방법   155
     ④ 임대료를 지속적으로 올릴 수 있는 이유   156
2. 리모델링 수준은 어떻게 결정할 것인가?   158
     ① 리모델링을 선택하는 이유   158
     ② 신축 수준의 리모델링을 진행할 때   159
3. 신축 시 고려해야 할 것들   162
     ① 내 취향을 스스로 정리하라   162
     ② 단짝과도 같은 설계사를 선정하라   166
     ③ 시공사를 경쟁 입찰 형태로 선정하라   167
     TIP) 올바른 건축을 위한 프로세스   169
     ④ 좋은 설계자를 찾는 방법부터 시공까지   171
4. 앵커테넌트(우량 임차인) 유치와 공사를 맞물려라   173
     ① 앵커테넌트를 어떻게 정의할 것인가?   173
     ② 1~2개 임차인으로 건물을 채우면, 불안하지 않을까?   175
     ③ 앵커테넌트를 어떻게 찾을 것인가?   178

7장 임대 마케팅이 부동산 투자의 핵심이다

1. 임차인 유치는 마치 헤드 헌팅처럼!   182
　　① 지역 최고의 임차인을 내 건물로 들이기 위한 자세   182
　　② 임차인을 헤드 헌팅하기 위한 사전 학습   183
　　③ 내 건물에 유명한 임차인을 입주시키는 시도   187
2. 임차인의 눈높이에 맞춘 임대 제안   191
　　① 구축 빌딩의 임차인을 리뉴얼하는 경우   191
　　② 리모델링이나 신축 시, 임차인을 리뉴얼하는 경우   193
3. 최고의 가치 상승 요소는 좋은 임차인이다   196
　　① 좋은 위치 가치를 가진 건물 매입하기   196
　　② 건물의 가치는 건물 자체로만 정해지지 않는다   201

8장 건물주가 할 수 있는 사회적 기여

1. 좋은 건물을 지역에 선보이는 마음   204
　　① 건물을 신축하는 것도 사회 환원이다   204
　　② 골목길의 수준을 높이는 리더가 되어라   206
2. 아름다운 골목을 만드는 주역   211

에필로그 기회를 잡는 자가 건물주가 된다   **214**

1장

'이것'으로
건물주가 되어라

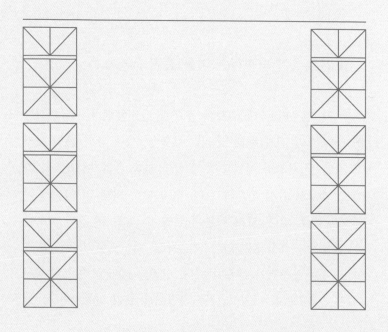

1

건물주로 만들어 줄
로드맵 따라가기

❶ 건물주가 되겠다는 마음 품기

몇 년 전부터 국내 최고의 부동산 플랫폼이나 교육기관들의 빌딩 투자 관련 클래스, 여러 대학원, 사내 강의, 개인 투자자 모임 등 다양한 채널을 통해 빌딩 자산 관리, 빌딩 투자 가이드, 리모델링 시 임대차 관리, 현장 답사 방법 및 임대차 마케팅을 하고 있다. 코스 이름에서 알 수 있듯 내 강의 대부분은 건물주를 대상으로 한다. 건물주를 대상으로 강의하다 보면 느끼는 공통적인 마음이 있다. 일종의 대단함 혹은 존경심인데, 건물주들을 매일 만나는 직업이다 보니 자수성가 등 놀

라운 인간승리 사례가 그들의 인생에서 보인다. 물론 선대에서 물려받거나 증여받아 건물주가 된 이들도 많다. 재미있는 것은 건물주가 되기 위한 노력의 무게만큼 건물주로 유지되는 시간도 상당히 비례한다는 것이다.

'건물주로서의 체공 시간' 표현이 적합한지 모르겠으나 군이 풀어서 이야기한다면, 건물주라는 명칭을 얼마나 오래 가졌느냐이다. 처음 건물주 된 이후 눈밭에 연탄 굴리듯이 눈 뭉치의 크기가 계속 커지게 만드는 사람이 있고, 누군가는 눈 뭉치가 녹아 버리게 만들기도 한다. 부동산처럼 한번 잘못 사면 골치 아픈 것도 없다. 건물을 잘못 사서 몇 년을 고생하거나 패가망신하는 사례는 흔한 일이다.

내 직업은 'LMer'다. LM을 하는 사람이라고 나 자신을 소개하는 것인데, 여기서 LM은 Leasing Management다. 쉽게 설명하면 임대 대행업무다. 부동산을 거래하는 데 있어 임대와 임차를 합쳐서 중개하는 경우도 있지만 보통 규모가 큰 건물들은 1층만 사용하더라도 임대료가 크기 때문에 중간에서 타협점을 찾는 중개보다는 일방대리(중개사가 매도(임대)자 또는 매수(임차)자를 대리하는 것)인을 지명해 업무를 처리하는 경우가 많다. 그런 일방대리업무에서 건물주 쪽의 일을 도맡아 하는 일이 내가 평생 해 온 일이다.

보통 건물주를 대상으로 하는 각종 강의들은 건물의 생애주기(라이프 사이클, 부동산도 사람의 인생처럼 인생 사이클이 존재한다)를 통틀어 부지 선정, 건축 계획, 설계자의 선택, 설계와 인허가, 시공사 선정, 공사 중 사전 임대 마케팅, 준공 전 시설 관리 및 자산 관리 계획 수립, 건물주(임대인) 입장에서 강력한 임대차 계약서 만들기, 각종 세금 관련 특강, 재미있고 유용한 현장 답사들로 커리큘럼이 이루어진다.

건물주라면 모두 인식할 건물 가치 상승을 위한 핵심 키워드 중 가장 강력한 요소는 '우량 임차인 유치'다. 바로 옆 건물이라도 어떤 임차인이 얼마의 임대료를 지불하느냐에 따라서 건물의 가치가 달라진다. 우리나라가 급격한 경제 성장을 하던 개발도상국 지위의 시기에는 빌딩이 지어지면 바로바로 공실이 해소되는 시기가 있었다. 현수막 하나만 잘 걸어도 공사 중 임대가 완료되는 일은 흔했다.

내가 근무했던 회사가 관리하던 포스코센터 같은 지역의 랜드마크 빌딩이나 코엑스에 위치한 아셈타워, 트레이드타워 같은 지역 내 상징성이 높은 건물들은 '입주사 선정표' 같은 이름만 들어도 멋진 심사표를 갖고 임차를 희망하는 회사들의 신용도, 재무제표, 신용도 등을 요구하고 검토했으며 심지어 면접을 보는 등 임차인을 까다롭게 고르기도 했다. 오랜 기간 임대료를 올리더라도 임차인이 계속 있을 수 있어야 하고 건물이나 건물주의 명성까지도 흠집이 나면 안 되었기 때문이다. 정도의 차이는 있지만, 아직도 건물이 좋을수록 건물주는 임차인을 유치하는 데 매우 꼼꼼한 편이다. 이런 임차인을 유치하기 위한 꼼꼼함은 중소 빌딩, 꼬마 빌딩의 경우 더욱 중요하다. 규모가 작은 건물의 경우에 우량 임차인의 유치가 빌딩 경영의 전부일지도 모른다.

　건물주들을 위한 강의는 대부분 저녁 시간이나 주말 시간에 이뤄지는 경우가 많다. 강연자나 강의를 듣는 건물주 모두 이 시간대를 선호한다. 낮에는 서로 각자 본업에 집중하기를 원하기 때문이다. 돈 버는 강의를 듣기 위해 늦은 시간에 강의장이나 건물로 모인 건물주들은 눈빛이 다르다. 레이저가 나오고 있다.

　초롱초롱한 부자들의 눈빛을 만나는 일은 좋다. 이 일을 하다 보니, 부자들은 그냥 돈을 번 것이 아니라는 걸 깨닫는다. 눈빛부터 다르다. 아주 강하거나, 강한데 숨기고 있다.

　나는 이 강의를 가는 날이면 당일 아침부터 기대가 된다. 매번 그렇다. 오늘은 어떤 멋진 건물주들이 저녁 6시 50분부터 3시간 가까이 진행하는 이 교육을 들으러 심지어는 몇 달씩이나 교육기관이나 대학원의 강의실로 출근하는 것일까? 어느 동네에 건물을 갖고 있는 분들일까? 하는 궁금함으로 하루를 보낸다.

이제는 건물 하나를 사더라도 원하는 동네에서, 지역 부동산을 통해 사서 임대료만 잘 받으면 된다는 그런 사고로는 동네 건물주는 될 수 있어도 화제가 되는 건물의 건물주, 지역에서 '힙'한 건물주는 되지 못한다. 진짜 흔한 게 건물 아닌가? 이제 차별화하고 특화해야 한다. 건물을 소유한다는 것은 '완벽한 사업체'여야 한다는 뜻이다. 무례한 건물주에게 일을 맡을 생각이 없으니 돌아가시라고 했을 때 했던 말이 있다. 나는 그 건물주에게 건물이 남산타워에서 보이느냐는 질문을 던졌고, 그는 보이지 않는다고 대답했다.

"그렇죠? 흔한 게 빌딩입니다. 제가 할 일은 많고 사장님처럼 예의 없는 분과 일하기 싫으니 돌아가세요!"

그 정도로 건물이 많다. 물론 나의 무례함도 있지만, 그렇게 이야기할 수밖에 없었던 이유가 있다.

잠시 눈을 감고 상상해 보자. 내가 살고 있는 동네에서 매일 스쳐 지나가는 주변 건물 중 '저 건물 예쁘다, 저 건물 갖고 싶다, 저 빌딩 주인이 되고 싶다' 이런 마음이 들게 하는 건물이 있는지 말이다. 그런 마음에서 이 책을 읽기 시작해야 한다. 이미 건물주거나 회사원으로 건물주를 꿈꾸거나 지금은 학생이지만 나중에 건물 하나는 사고 싶다는 다양한 생각을 가진 이들에게 결국 그 꿈을 이루는 방법과 실패 없이 성공하는 방법에 대해 이야기해 보려고 한다.

첫 번째 필수 요소는 마음속에 '저 건물을 사겠다!'는 마음을 먼저 품는 것으로 시작한다. 욕심, 욕망, 갈망이 있어야 한다.

❷ 지나가는 골목길에서 사고 싶은 건물을 정하기

내가 사는 어린이대공원 인근은 꼬마 빌딩, 다세대, 다가구가 유독 많은 동네다. 광진구는 광장동, 구의동에 아파트 단지가 있기는 하지만, 서울의 다른 구에 비해서 아파트 거주 비중이 적은 지역이다. 대학원 석박사 과정에서 부동산 정책을 전공하면서 세부적으로는 도시 재생, 주거 복지를 기반으로 공부한 나에게 절대 아파트로 재개발이 안 될 동네를 찾아서 이사를 한다는 게 군자역이었다. 아주 작은 골목골목 끝까지 도로가 잘 발달된 군자역 일대는 주거 환경 개선이 필요한 주택들이 이 도로망 덕분에 모두 각자 집을 재건축하는 방식으로 동네의 생애주기를 이어가고 있다. 그렇기에 유독 작은 꼬마 빌딩들의 천국이 된 곳이다. 찾아보면 서울 전역에 이런 동네가 많다.

건물주가 되기 위한 방법 중 시간을 단축할 수 있는 방법을 이야기해 보겠다. 동네 골목을 지나거나 출퇴근을 할 때도 일부러 지나는 건물을 하나 정하라. 자주 가는 카페가 있는 건물도 좋고 그냥 동네에서 마음에 드는 건물, 내 건물이면 좋겠다고 생각하는 멋진 건물로 하나를 골라라! 더 멋지게 표현하자면, 사랑하는 정인인 듯 건물 하나를 마음에 품으라는 말이다. 그 건물 앞을 지날 때면 내 소유가 아닌데도 쳐다보고 사진 찍고 차 안에서 혼잣말을 외친다.

"내 사랑, A빌딩아! 잠깐만 기다려 줘. 내가 빨리 너를 내 이름으로 등기 쳐 줄게!"

사람의 마음이 그럴 진데, 물건인 건물을 마음에 품었는데 어찌 이루지 못할소냐! 이런 마음에서 시작한다. 이런 마음을 갖는 것과 그냥 바쁘게 그 건물 앞을 지나가는 것은 다른 결과를 가져온다. 100%다. 개인적으로 부모가 자녀에게 다양한 교육의 기회를 열어 두고 가르쳐야 하는데, 그중에서 집안의 재산을 관리 할 수 있도록 가르치는 것은 정말 중요하다는 생각이다. 지금 학생이니 공부만 잘하면 된다. 이런 사고방식에서 시작하는 가정 교육은 달라져야 한다고 생각한다. 살고 있는 동네를 산책하며 자녀에게 물어본다.

"너희들 생각에 이 동네에서 건물을 하나 산다면 어떤 건물이 갖고 싶니?"라고. 내가 사줄 형편이 되는 사람이든 아니든 그런 사정이 중요한 게 아니고 경제 관념에 대해서는 정확히 가르쳐야 한다. 내가 이룬 부를 자녀가 잘 물려받아 부를 늘려 나가기를 바랄 것이다. 따라서 부동산 관리 교육은 어느 정도 나이가 되면 할 필요가 있다.

10년 전, 지금의 회사를 다닐 때 개인 자산가 대상 중개업무를 병행했다. 당시 국내 최대 보험사인 S생명의 고액자산가에게 자산 관리 서비스를 제공하는 훼미리 오피스(가문 관리라는 명목의 고액자산가 관리팀으로 금융사마다 다른 이름으로 이런 부서가 존재한다) 업무 중 부동산 신탁자산에 대한 자산 관리 수주와 관리 업무를 담당했다. 고액자산가들이 자녀나 손주들에게 재산을 어떻게 이전하고 어떤 사고로 재산 관리의 개념을 심어 주는지를 봤다. 대를 걸러 손주에게 증여한 부동산을 고객의 요청에 따라 법적 소유자인 12살 아이에게 직접 월간 보고를 했던 날을 잊지 못한다. 태어나자마자 수백억 있는 사람이 그 재산을 100년을 유지하고 후손에 물려주려고 10대부터 자산 관리를 교육받는 건 당연한 것이다.

나는 딸들에게 갖고 싶은 건물과 그 건물을 택한 이유를 물어본다. 또 그 건물의 주소를 확인하고 스마트폰 부동산 실거래가격 앱에서 검색해 보는 방법을 가르친다. 그 건물 주변의 실제 수개월 내 거래된 빌딩들의 사진과 골목길의 거래 사례 건물을 맞춰 보면서 마음에 들어 하는 건물 인근 거래 사례를 보고 지금의 가치가 대략 55억 한다고 알려 준다. 부동산을 전공하는 큰딸은 이런 내용을 알려 준 이후에는 각종 앱으로 검색을 해 본다.

자녀가 매일 지나가는 골목에 있는 건물의 시세를 알려 주고 지날 때마다 갖고 싶은 소유욕의 싹을 틔워 보라고 말한다. 30대 초반에 동대문에 위치한 토요코인 호텔을 도쿄에서 공부하고 온 팀원과 함께 계약한 적이 있다. 당시 계약을 위해 만난 토요코인 니시다 노리마사 회장님에게 이런 질문을 했다. "회장님은 자수성가해서 따님에게 물려주셨는데, 저도 제 딸을 부자로 만들려면 어떤 사고방식을 가져야 할까요?" 이에 대한 니시다 회장님의 답은 이랬다. "노 팀장이 살면서 아주 작더라도 어떤 성공이나 결실을 거뒀을 때, 그 성공에 대해 아주 자세하게 딸에게 이야기해 주게."

애들이 학교 잘 다니고 공부 열심히 하면 되지, 이런 생각으로는 애들을 부자로 만들 수 없다. 부자의 아이들은 어른이 되어 부자가 된다. 그러나 그렇게 만들어진 부자 어른이 무조건 죽기 전 부자 노인으로 죽지는 않는다. 내가 20대에 만난 부자의 자녀가 지금까지 그 부를 누리고 있지 못한 상황을 종종 본다. 돈을 온전히 물려주고, 그것을 밑천으로 더 큰 부를 만들어 나갈 수 있게 해야 하는 것이다.

사람이 가진 능력은 대단하다. 10대 자녀가 동네에서 사고 싶은 건물, 그 건물을 사서 새로 지을 디자인을 스케치북에 그려 보게 하는 등 동네에서 '임장 놀이' 같은 것들을 주말이나 저녁에 시켜 보라. 마음속에 불씨가 있는 사람으로 성장하는 것은 꼭 학교나 학원에만 있는 것이 아니다. 건물을 살 수 있는 55억을 더 빨리 벌기 위한 눈이 뜨일지도 모른다.

❸ 상상력과 호기심 탑재하기

건물주가 되기 위해서도 연습이 필요하다는 것은 당연하다. 앞서 언급한 익숙한 동네에서 '마음에 드는 건물'을 정하는 과정을 우습게 생각하면 안 된다. 지금 내 건물이고 아니고는 중요한 게 아니다. 우리는 지금 인생을 다 산 것이 아니다. 실제로 준비가 되어 있지 않은 사람이 복권이라도 당첨된다고 바로 원하는 건물을 살 수 있는 것도 아니다. 아무리 서울에 빌딩이 많고 심지어 내가 빌딩을 살 자금이 충분히 마련되어 있다고 하더라도 마음에 드는 빌딩 매물을 만나는 것이 쉽지 않다. 미리미리 머릿속에서 그림을 그려 두고 시간, 조건과 자금이 모두 때를 이룬 바로 그 타이밍에 본 매물이 내 마음속 구매 범위에 들어 있느냐 아니냐가 빠른 매입을 결정을 짓게 되는 것이다.

많은 고객들과 매물 투어를 진행하다 보면 얼마나 많은 시간과 노력을 들여서 부동산 매입을 시도하고 있는지를 알게 된다. 웬만한 부동산보다 골목길 시세와 나온 매물이 어떻게 처리되었는지, 본인도 검토하던 도중 놓쳤다는 이야기를 종종 듣는다.

좋은 상권, 좋은 입지에 누구나 사고 싶어 하는 건물을 갖고 있는 사람은 운이 좋아서 그 빌딩을 갖게 된 것이 아니다. 수많은 시행착오와 학습이 있었던 것이다.

그렇다면 누구나 갖고 싶은 빌딩의 주인이 되는 방법 중 상상력과 호기심은 어떤 상관관계가 있는 것일까? 모든 건물주가 자신에 마음에 딱! 드는 건물을 매물로 만나서 매입하는 것은 아니다. 이런 일은 극히 드물다. 기존 건물이 아무리 신축이라도 고치고 싶은 부분이 있다. 신축이나 리모델링이 필요한 노후 건물이라면 더 말할 것도 없다. 어떻게 고칠 것인가? 어떻게 지을 것인가? 현재 수준에서 어느 정도 리모델링으로 내취향으로 전환시킬 수 있을까?

이런 생각들은 건물을 매입한 이후에 할 고민이 아니다. 매매 계약을 체결하기 한참 전인 답사 단계부터 떠올려야 한다. 공인중개사나 부동산 에이전트가 다 쓰러져 가는 것으로 보이는 건물을 매물이라고 소개해 주더라도 현재 상태만으로 판단하는 것이 아니라 그 건물의 위치, 그 건물이 속한 상권이 좋다면 향후 어떻게 가치 상승(Value Add)할 수 있는지를 상상할 수 있어야 한다. 상상력은 후천적으로 키울 수 있는 능력이다. 이런 '상상력 증대 학습'이 유독 잘되는 사람들이 있다.

바로 호기심을 가진 사람이다.

언제 어느 골목길을 산책하더라도 산책을 답사(임장)로 바꿔 버리는 사람들이 있다. 주말에 성수동 연무장길을 산책한다고 생각해 보자. 성수동을 찾은 이유는 사람마다 각자 다르지만 부동산 투자적 관점에서 성공하는 빌딩 투자자가 되는 것을 원하는 사람이라면 다른 눈으로 골목길 산책을 해야 한다. 호기심의 안경을 쓰고 산책해야 한다는 이야기다.

목적지로 향하는 발걸음이 지나는 길에 특이한 디자인의 카페, 리모델링이 재미있는 꼬마 빌딩, 멋진 디자인의 조감도가 붙어 있는 신축 빌딩, 사람들이 긴 줄을 서 있는 레스토랑, 골목길인데 안쪽에 무언가 불빛이 반짝이거나 무언가 눈길을 끄는 것들을 찾겠다는 마음을 갖고 골목길에 들어서야 한다. 낡은 건물의 1층에 화려한 카페가 오픈했다면 1층 임차인만 바뀐 것인지, 다른 층도 리모델링하고 새로운 임차인이 입주했는지를 확인하기 위해 계단을 따라 올라가 보는, 나를 위한 오지랖을 펴 보라는 것이다. 라디오 안테나를 올려야 좋은 음질의 음악도 들을 수 있듯이 말이다.

변화가 많은 동네에는 다양한 부동산 이슈를 배울 수 있는 학습장이다. 가령 이미 빌딩을 소유하고 있는데 리모델링이나 신축 계획이 있는 건물주라면 어떻게 리모델링할지, 비용은 얼마를 준비해야 하는지, 리모델링 수준으로는 안 되는 상황이라 신축을 해야 하는지, 임차인을 교체(Renewal)하고 싶은데 내 건물의 가치를 높여 줄 임차인으로 어떤 업종이 좋을지 등 수 없이 많은 고민으로 머릿속이 가득 차 있어야 한다. 사람의 머리로 새로운 것을 창조한다는 것은 쉬운 일은 아니다.

우리가 피카소의 그림이나 무라카미 하루키의 소설에서 감동을 받는 수준으로 빌딩 리모델링을 하자는 것이 아니다. 그렇게 상업용 부동산을 리모델링해서도 안 된다. 상업성을 잃으면 안 된다. 내가 가진 빌딩의 가치 상승을 위해 참고할 빌딩들이 이미 우리 주변에는 가득하다. 어떤 건물은 외장재가 내 취향이고, 어떤 건물은 계단이 너무 아름답고, 어떤 건물은 화장실이 너무 트렌디하고, 이런 디자인은 이런 임차인이 좋아하고, 저런 디자인이라 건물이 신축인데 전부 공실이구나… 이런 학습은 직접 가 보는 것만으로도 얼마든지 가능한 공부다. 이 때 호기심의 정도에 따라 더 많은 것을 볼 수 있다. 주말에 새로 생긴 연남동의 카페를 찾아가 커피만을 즐기고 온다면 커피를 좋아하는 사람으로 끝나고 만다. 그것도 커피 애호가로서는 썩 좋은 시간이라고 볼 수 있지만, 건물주 마인드는 아니다.

건물주라면 그 카페를 품고 있는 건물, 빌딩을 봐야 한다.

어떤 상업적 장점을 갖고 신축 또는 리모델링 되었는가? 이런 것들을 탐색하고 때로는 카페 사장, 바리스타 심지어 경비 아저씨나 인근 부동산 사장님, 인근 식당에서 밥을 먹으며 식당 사장에게까지 내가 궁금한 것들을 알고 있을 만한 사람들에게 묻는 노력을 해야 한다.

사람들은 물어보지 않으면 대답해 주지 않지만, 물어보면 자신만의 대화 방식으로 답을 해 주기 마련이다. 개인적으로 테헤란로 대로변 건물 앞의 화단에 꽃을 심고 있던 여사님에게 1층 공실 내용을 알아보려면 어디로 연락해야 하는지 물어보다가 본인이 알려 주겠다며 사무실로 올라가자고 하던, 건물주와의 인연으로 15층이나 되는 건물을 전속 임대로 받고 건물을 채웠던 기억이 난다.

끝없이 나에게 알려 줄 만한 사람에게 질문을 해야 한다. 세상에는 6단계만 거치면 못 만날 사람이 없다고 하지 않는가? 예를 들어 내가 오바마 전 미국 대통령과 연락을 한다고 생각해 봤다. 실현 여부를 떠나서 6단계를 거치지 않고도 연결이 된다. 그런데 내가 내 자산을 관리하기 위해 필요한 사람들을 만나는데 등한시한다면 어떻게 재산을 일구겠는가?

❹ 아파트를 떠나 내 건물에 살면서 월세 소득 얻기

우리나라처럼 아파트 거주 비중이 높은 나라도 드물다. 짧은 기간 동안 급속한 경제 발전을 이룬 나라이다 보니 더욱 동네별로 부동산 개발 사이클이 빠를 수밖에 없었다. 서울을 중심으로 전국에서 모여든 국민들의 주거지 공급 정책에서 높이 지을 수 있는 아파트만 한 것도 없었을 것이다.

대한민국 최대 건설회사가 LH공사다. 그만큼 택지를 국가가 개발하고 시행사, 시공사들이 자신들의 브랜드로 계획을 세워 선분양하며 프리미엄이 붙을 정도로 대한민국 국민의 자산을 불리는 큰 수단이 되었다.

정부가 바뀔 때마다 부동산 정책은 계속 바뀐다. 투기 바람이나 투자 과열이 예상되는 지역의 재건축, 재개발을 누르기도 한다. 또 대출 조건이나 세금 등의 이슈로 수요 공급을 인위적으로 조절해 왔다. 학군이나 주거 환경이 좋은 곳들은 아무리 노후 아파트라도 끝을 모르고 집값이 오르던 시기가 있었고 이미 강남구를 중심으로 아파트 값은 정말 대단하다. 부모가 부자가 아닌 경우, 일반 직장인이 죽을 때까지 좋은 동네의 새 아파트를 사는 것은 엄두를 못 낼 일이다.

강남구는 아파트 평균 매매가가 3.3평방미터(1평)당 1억이 넘는다. 아직 지방에는 30평짜리 아파트가 1억 원대에 존재하는 것을 생각하면 굉장히 높은 시세다. 연봉이 1억인 직장인이 30년 동안 하나도 쓰지 않고 저축해도 반포나 개포동 등 신축이 많은 강남권 아파트 30평대를 살 수는 없다. 아파트 30평을 30억을 주고 매입하는 경우, 대출을 15억을 받았다고 생각해 보자. 15억을 지금의 오른 금리로 계산하면 매월 이자를 얼마를 내야 하는지는 계산하지 않겠다.

2022년 말까지는 주택, 아파트에 대한 대출이 상대적으로 까다로웠던 반면에 상업용 부동산에 대한 대출 한도와 금리는 상당히 매력적이었다. 2022년 말을 기준으로 2~3년 정도는 꼬마 빌딩의 광풍이 불었던 시기였고 강남권에 30평 아파트를 30억이 넘게 주고 거래하는 투자 대신에 30~50억대 꼬마 빌딩 매물을 매입하는 투자자들이 많았다. 신용도에 따라 30억짜리 꼬마 빌딩은 대출을 20억, 25억도 받을 수 있었고 금리도 3%대 초중반으로 매우 매력적인 조건이었다. 영혼을 끌어모아서 빌딩을 매매하는 이른바 '영끌족'이 생겨날 정도로 엄청난 붐이 불었다. 30억짜리 부동산을 매입하는 데 자기 자본을 5억 원 미만으로 투입해도 되는 시기였다.

그때는 무리해서 매입한 30억 자산이 40억, 50억이 될 거라는 믿음도 강했다. 현재는 세계적으로 금리가 오르고 대출 이자를 감당하지 못하는 영끌족들에게는 힘든 시기다. 그럼에도 불구하고 자기 자본 비중 50% 이상으로 매물을 사려는 투자자에게는 아직도 가치 있는 투자처가 꼬마 빌딩이라고 생각한다. 특히, 좋은 배후 지역을 갖고 있는 역세권 주택가나 역세권의 꼬마 빌딩은 주거와 수익용을 겸하는 상가 주택 형태이기도 하고 매월 지불하는 월세가 부담스러운 중소기업에게는 좋은 사옥이 되어 주기도 하기 때문에 여전히 매력적인 투자처다. 중요한 건 그런 꼬마 빌딩에 대한 현명한 투자와 올바른 자산 관리다.

잘못된 부동산 투자를 하고 일을 저질러 버린 후 나 같은 자산 관리사에게 연락해 오는 경우가 생각보다 많다. 매매가격이 아주 저렴한 부동산이라며 구입하기도 하고, 변두리나 지방의 물건이라 상대적으로 서울 지역의 꼬마 빌딩보다 규모가 크다는 이유로 큰 건물에 대한 소유욕 때문에 지방에 산다. 또 지방 물건을 경매에서 낙찰받거나, 목적 없이 그냥 대형 건물의 일부층을 매입하는 등 이유도 다양하다. 세상사가 얼마나 오묘하고 공평한지 이상하다 싶은 투자나 꺼림칙한 투자는 한 투자자의 인생과 그 투자자의 가족의 상당한 재산을 땅속에 처박고 오도 가도 못 하는 신세로 만들어 버린다.

수십억을 땅속에 묻어 두고 어찌할 바를 모르게 만들어 버리는 것이 잘못된 부동산 투자다. 아파트에서 오래 살던 투자자가 아파트를 처분하고 상가 주택을 매입해 꼭대기 층에 살면서 임대 수익을 얻거나 일부 층에 자신의 사업장을 만드는 경우에는 더욱 내가 이 책에서 강조하는 금기 사항들을 잘 지키기 바란다.

주거를 목적으로 아파트를 사거나 분양받았는데, 살다 보니 집값이 올라서 자산도 늘어나는 경우와 상업용 부동산의 투자자가 되는 것은 아주 다른 길을 걷는 것이다. 포인트는 상업용 부동산이라는 것이다. 아무리 좋은 롤스로이스나 페라리 같은 차도 중고차가 되면 어지간해서는 감가되고 되팔 때 가격이 떨어지기 마련이다. 부동산도 산 후에 값이 쭉쭉 떨어지는 물건이 있고 시간이 지나면 가격이 많이 오르는 케이스가 있다. 아파트 대신 주거와 투자를 겸해서 부동산을 처음 구입하는 분들이 하는 실수를 하지 않으면서 꼬마 빌딩을 사야 한다.

이때 주의해야 할 사항이 있다. 처음 산 빌딩이라고 지나친 애정을 두고 수익률을 넘어서는 공사비를 들여 수리하지 않는다. 상업성을 잃으면 냉정하게도 시장 가치가 없어진다. 3천만 원짜리 신차를 구입해서 1천만 원 들여 오디오와 엔진을 튜닝하고 타이어를 다 교체하는 등 단순히 나 혼자만의 승차감을 높이기 위한 행위를 하지 말라는 말이다. 그런 튜닝은 같은 연식의 중고차와의 경쟁에서 우선 선택 사양이나 약간의 가치 인정을 받을 수는 있지만 결국은 인정받기 힘들다. 튜닝을 좋아하는 사람을 만났을 때만 가능한 특수 거래 물건이 되는 것이다. 부동산의 경우는 이런 경향이 더 크다. 같은 동네에 같은 크기, 같은 토지가격의 동일 면적 빌딩이 매물로 나온다고 가정할 때 내가 시장에 내놓은 건물이 천덕꾸러기가 되지 않아야 한다.

친한 지인이 수년 전 아파트를 팔고 상가주택 5층짜리를 40억 정도에 매입해 10억 넘게 들여서 수리하려는 계획을 이야기했을 때 해 줬던 말도 같다. "빌딩에 투자한 거예요, 아니면 무덤용으로 산 거예요?"라고 말이다.

상업성, 상품성을 잃은 부동산은 투자 상품이 아니라, 무덤이 될 수 있다는 것을 기억하자.

❺ 사업을 운영하며 월세를 벗어나고 싶다면 이렇게 하라

중소 빌딩을 매입하려는 분들은 '사옥 용도'로 문의하시는 경우가 많다. 하나는 남의 건물에 월세를 그렇게 많이 낼 바에는 그 돈으로 은행에 이자 내는 것이 낫겠다는 이유가 있고, 또 하나는 사옥으로 장기 사용할 임차인을 유치해서 안정적인 임대 수입을 얻으려는 경우다. 예를 들어 5층짜리 건물이면 임차인이 5명이면 좋겠다고 생각하는 건물주가 있는가 하면 아무 신경도 쓰고 싶지 않으니 10년 임대차 계약을 한 하나의 회사가 전체를 다 쓰고 관리까지 자체적으로 했으면 좋겠다고 생각하는 건물주로 확연히 나뉜다.

나는 임대수익용 중소 꼬마 빌딩 매입이라면 1층 가게 정도는 건물의 이름값을 만들어 줄 리테일(점포) 업종으로 임차인을 유치하고 나머지 상부층은 1개 회사가 모두 사용하게 만드는 임차인 구성을 선호한다. 사옥으로 매입해서 입주하는 경우라면 1층의 리테일도 직접 카페를 운영하면서 접견실이나 쇼룸으로 사용하는 것을 권한다. 사옥으로 매입한 건물은 사업이 잘되면 3~5년 후에 더 큰 사옥을 매입해 이전하는 경우도 많은데 비슷한 용도로 사려는 예비 매수자들의 사용 용도를 1층 임차인의 상가임대차보호법 적용 때문에 여의치 않게 되는 경우가 많다.

특히 사옥으로 직접 사용하면 해당 기업의 신용도에 따라서 유리한 대출 조건으로 부담을 상당히 낮추고 건물을 매입할 수도 있으니 본인들의 업이 속한 단체나 지자체, 지역 금융 기관과 긴밀하게 상담해 봐야 한다. 심지어 80~90% 이상의 자금을 유리한 금리로 대출받을 수도 있을 것이다.

지자체별로 권장 업종을 지정한 지역 내 부동산을 구입하면 용적률 상향 혜택이나 세금 할인 혜택을 주는 경우가 있다. 임대차로 타인의 건물에 입주할 때도 입주 협상을 하는 건물이 업종에 대한 혜택이 있는 지역이고, 임차를 하려는 회사가 그 업종에 부합한다면 의무 사용 면적으로 입주해 주는 입장도 되기 때문에 건물주와의 임대료 협상에서 보다 유리한 가격 할인 조건 등을 받아 낼 수 있을 것이다.

여기에 하나 더 고려할 사항은 개인과는 다르게 사옥용으로 매입하는 경우, 사옥이지만 대표이사의 개인 명의로 구입하는지, 회사가 대표이사의 회사에 입주하는 형태와 법인명으로 구입하는지, 해당 법인이 사용하는 것에 따라서 월세 책정 방법 및 근거 마련, 세금적인 유리함에 대한 판단, 공사가 진행 시 공사비에 대한 투자와 세금 처리 등을 전문가와 필수로 상의하기 바란다.

특히 사업을 영위하면서 외부 투자를 지속적으로 받아야 하는 기업의 경우는 회사 규모가 짧은 시간 내에 커지는 경우도 있다. 투자 유치라는 것은 결국 대표의 지분이 줄어드는 효과도 함께 발생하기 때문에 보유한 부동산의 가치가 급히 오르는 경우 개인의 투자 성공 결과는 매우 작아지기도 한다.

✳ 전문 세무사를 심사숙고해서 선택하고 평생 사업의 파트너로 함께하기를 권한다.

❻ 자녀에게 자산을 물려주고 싶다면 이렇게 하라

부동산 자산가들이 나이를 먹으면서 가장 고민하는 것 중에 하나가 자산 상속과 증여의 문제다. 증여세, 상속세는 당연히 국민의 납세 의무로 납부해야 한다. 그러나 아무 준비도 없이 물려받거나 아무 생각 없이 자녀에게 부동산을 사랑하는 마음으로 그냥 사 주는 것은 매우 어리석은 일이다. 증여세, 상속세라는 단어 뒤에 숨은 어마어마한 의미가 있다. 어떻게 보면 평생 일군 자산의 50% 정도를 모두 세금으로 내야 한다.

천 억대 자산가가 아무 준비 없이 사망하고 자녀들이 수백억의 상속세를 낼 수 없어 빌딩을 판다. 그런 상황 속에서 송사에 휘말려 재판하고 서로 원수가 되기도 한다. 나이를 떠나 재산이 수십억 이상이라면 증여, 상속을 고민해야 한다.

부동산 투자는 재산을 후대에 물려주기 위한 좋은 수단이기도 하다. 합법적으로 세금을 모두 납부하면서 미리 증여하고 부모가 충분히 젊을 때, 자녀에게 돈뿐만 아니라 자산 관리 방법까지 물려줘야 한다. 과거에 개인 고액 자산가, 건물주들의 성인 자녀들에게 건물 관리 방법, 임차인 유치 및 관리 방법, 시설 관리 방법 등 부동산 자산 관리 방법을 개인 교습한 사례가 있었다. 최근 들어서는 전문 교육 기관도 많고 규모가 작은 부동산도 자산 관리(PM: Property Management)를 해 주는 대행회사들이 많기 때문에 자녀에 대한 부동산 교육은 쉬워졌다. 따라서 미리 준비할 것을 권한다.

방학 중인 대학생 자녀에게 건물주 자신이 소유한 건물의 신규 임대차 계약이 있을 때, 같이 가자고 제안해서 데리고 다니고 건물에 하자 등이 생길 때도 적극적으로 가족들이 내용을 알 수 있게 하는 것을 권한다.

수년 전 나는 내 건물 리모델링 공사를 할 때, 당시 중·고등학생이던 두 딸을 공사업체에 데리고 가서 공사 계획이나 디자인 회의 진행 사항을 딸들이 함께 프레젠테이션을 듣도록 했다. 알게 되면 관심을 갖게 되고 특히 관심 갖는 자녀가 있다면 가족의 부동산 자산 관리 후계자로 키울 필요가 있다. 요즘은 디스코(DISCO), 밸류맵(Value Map) 등 부동산 실거래 정보나 다양한 시세 정보, 부동산 시황 등을 알 수 있는 리포트나 앱이 넘쳐난다. 모든 부동산 정보는 거의 다 공개되어 있다.

대학생인 내 딸이 건물의 등기부를 발급받아서 대출금을 확인하고 대출이 시세보다 적으니 대출받아서 차를 사달라고 이야기할 수 있는 상황처럼 모든 부동산 정보가 원하면 취득 가능한 나라다. 나는 이런 상황을 긍정적으로 생각한다. 재산을 모으기가 얼마나 힘든데 자녀들이 모두 날려 먹게 둔다는 말인가? 자녀가 20살이 넘어가면 살고 있는 집의 등기부나 각종 공부를 발급받아 보라고 해 봐도 좋다.

나는 부동산 일을 하면서 20년 전 내 고객의 건물이 20년 후인 지금 다른 사람에게 넘어가거나 자녀들이 한순간에 무너뜨리는 것을 매일 본다. 대기업도 30년 유지가 힘들다고 한다. 100억짜리 빌딩 하나 날아가는 데 몇 년이 안 걸린다.

참고로 소유권 및 세금 고민을 풀어 주기 위한 각종 부동산 회사, 금융회사 또는 법무법인, 세무·회계법인의 유증신탁을 포함한 부동산&금전 신탁, 자산 관리 위탁 등 다양한 프로그램들이 있으니 건물주 자신의 상황에 맞는 프로그램을 찾아 다양한 상담해 볼 것을 권한다. 전문업체에 위탁하거나 상담 비용이 다소 비싼 경우도 많지만, 아무리 비싼 비용을 지불한다고 하더라도 증여세, 상속세에 비하면 돈도 아닌 수준일 것이다. 이런 측면에서 어떻게 부동산을 투자해야 하는지 어떤 마인드가 건물주가 갖춰야 하는 건물주 마인드인지에 대해 알아보자.

2

정보의 변별력을
갖춰야 한다

❶ 어떻게 트렌드를 읽을 것인가?

성공적인 빌딩 투자를 위해 가장 중요한 요소는 무엇일까?
철, 콘크리트와 유리 같은 물질로 이루어진 빌딩이 서울에 있
는 것과 속초에 있는 것은 어떤 차이일까? 부동산에서 가장 중
요하다는 위치 차이다. 그렇다면, 같은 동네의 바로 옆 건물들
도 다른 가치를 보이게 된 가장 결정적인 이유는 무엇일까?

이유는 빌딩이 갖고 있는 콘텐츠다. 쉽게 표현한다면, 사용
자다. 임차인이 누구인가 하는 것이 중요한 가치 평가 기준이

되고 있다. 속초 중앙로에는 스타벅스가 입점한 건물이 있다. 유명 배우 H가 이 건물의 주인이다. 그 배우가 소유한 건물이라서 화제가 된 것일까? 그 배우가 속초에 건물을 샀는데 1층에 그저 그런 옷 가게가 있었다면 어느 연예 기사에 배우 H가 속초에 건물을 매입했다는 한 줄로 끝났을 것이다. 그 임차인이 스타벅스이기 때문에 화제가 되었다고 생각한다. 화제가 될 수 있는 임차인을 입점시키기 위한 노력이 결국은 내 자산 가치를 올리는 가장 쉬운 방법이다.

건물이 소형 건물이고 같은 크기의 3층 건물이라도 전체를 스타벅스가 쓰고 있느냐, 치킨 가게, 수학 학원, 집주인이 3층에 살고 있느냐는 엄청난 가치 차이를 보인다. 설사 발생하는 임대료가 비슷해도 값어치가 다르다. 이것은 다분히 카페가 좋다는 의미는 아니다. 이제 부동산은 그 부동산이 위치한 지역에서 유명한 건물이 되어야 한다. "아하, 그 건물! 1층에 B가 있는 건물!" 이런 유명세를 만들어야 한다는 의미다.

내가 소유한 부동산이 다른 동네 사람들에게도 알려지고 골목에 있는 건물임에도 사람들이 오게 만드는 것은 콘텐츠의 힘이다. 좋은 임차인을 유치하면 가능한 일이다. 과거에는 신축 건물이 생기면 준공 시점에 현수막 하나 붙이거나 동네 공인중개사 몇몇에게 부탁하면 임대가 잘되던 시절이 있었다. 이제는 건물에 좋은 임차인을 입주시키는 것도 마케팅이 필요하고 전략이 필요한 시대다. 내 건물이 속한 지역에서 흥하는 업종을 분석해야 하고 다른 지역에서 상권을 리드하는 업종을 분석하는 과정, 트렌드 분석을 해야 한다.

동네에 입주할 때는 내 건물로 해당 업종이 입주하도록 사전 임대 마케팅을 해야 한다는 의미다. 최소한 건물의 리모델링이나 신축의 준공을 6개월 정도 앞둔 시점에는 하나의 부동산업체(중개법인이나 공인중개사, 기타 부동산 전문가)에 전담으로 임대 마케팅 업무를 시키고 관리해야 한다. 면적이 큰 경우는 더욱 그렇다. 어느 동네에나 스타벅스 매장 하나 정도는 있고, 상권이 아무리 형성이 안 된 지역이라도 그 지역민들을 위한 기본적인 브랜드 매장들이 존재한다.

그런 브랜드를 갖고 있거나 지역 내에서 핫플레이스를 만들어 나가고 있는 임차인들에게 내 건물이 6개월 후, 1년 후 이 동네에 이런 디자인(제안할 때 건물 스펙이나 디자인을 보여 준다)으로 들어서는데 이전 생각이 있는지 물어보는 단계부터 시작해야 한다. 건물 쪽에서 이렇게 공사 중에 사전 제안을 안 하더라도 그들(지역 내 가망 임차인, 우량 사업자들)이 나중에 문의를 해 오고 입주할 수도 있지만, 상대가 먼저 연락 오게 만든다는 것은 그만큼 건물의 외관이 완공 단계에 이르고 있다는 것을 의미한다. 입주 의사가 조금이라도 생겨 협상을 시작하는 사이에 건물이 빈 건물(공실) 상태로 준공될 수도 있는데, 신축이나 리모델링을 진행 중인 건물은 공사 중일 때 가장 큰 힘을 가질지도 모른다.

부동산 임대차는 임대인과 임차인 사이 힘의 균형이 깨질 때 날인이 된다. 그리고 지역 내에서 트렌디하고 영업이나 마케팅도 잘하는 사업자를 내 건물의 임차인으로 입주시킨다면, 그 임차인을 통해 내 건물도 화제의 건물이 된다. 그런 움직이는 트렌드를 읽는 능력을 갖는 것이 필요하다.

임대인이 힘을 잃지 않고 우위에서 임대차 계약 성사를 이끌어 내기 위해서는 시간의 주인이 되어야 한다. 돈보다 중요한 것은 시간이다. 철저한 사전 조사로 내 건물이 속한 지역의 상권 분석, 적정 임대가 도출, 가망 임차인군의 조사 및 1차 접촉(Tapping)을 통해 준비되었다면, 조사된 가망 임차인군 중 우량, 대형 임차인(전체 통임대 가능한 임차인)을 우선적으로 제안(입주 여부에 관심이 있는지 확인)을 한다. 그중 관심이 있는 가망 임차인의 관심도를 높이면서 변형된 제안으로 성사율을 상승시키는 것이다.

이 사전 조사 과정을 통해 지역만의 특수한 흐름(트렌드)을 자연스레 알게 되기도 한다. 이 흐름을 객관화하고 정보량을

늘리기 위해 건물주와 함께 팀워크를 살려서 일할 부동산 전문가를 옆에 두고 활용하기를 바란다. 부동산 수수료를 지불하더라도 임차인을 찾아서 채우겠다는 생각이 있다면, 그 수수료를 더욱 효과적으로 사용하라는 뜻이다. 미리 투입하고 빠르게 임차를 끝낼 것을 권한다.

이런 과정은 건물의 공사 기간 중 외관 마감재를 시공하는 단계 전에 이뤄지면 더욱 좋다. 건물 외장재를 붙여 나가는 과정에서 확정된 임차인의 인테리어 공사를 동시에 진행 준비하면서 건물 외벽 공사 가림막(비계)에 'Coming Soon A커피 입점', 'C자동차 군자 전시장 오픈 예정' 등 멋지게 홍보 사인을 붙인다고 생각해 보라. 건물주의 마음은 행복과 안심으로 가득할 것이다.

기억하자! 신축이나 리모델링 공사가 끝난 후 '임대'라고 인쇄되어 붙여진 현수막을 본다면 그 건물주의 임대 마케팅은 1차적으로 시간에서 진 것이다. 부동산 투자는 투자, 대출, 이자, 임대료, 관리 비용, 예상 매각 차익 등 돈과 관련된 여러 단어로 둘러싸여 있다. 이것을 컨트롤하는 단 하나는 '시간'이다.

❷ 핫플레이스가 된 건물들의 특징

건물 자체가 핫플레이스가 되는 경우도 있지만, 그런 건축적인 의미의 핫플레이스 탄생보다는 유명한 임차인 덕분에 핫플레이스가 되는 경우가 대부분이다. 유명한 임차인을 앞서 표현한 건물 내 콘텐츠라고도 할 수 있는데, 좋은 콘텐츠를 담기 위한 공간을 만들어 내는 것이다. 그렇게 준비된 공간에 어울리는 임차인이 입주해 핫플레이스가 된다.

건물에 입주한 임차인이 제공하는 상품을 소비하기 위해 찾아오는 고객들은 그 상품이 무엇이든 구매로만 끝내지 않고 온라인 세계(SNS)에 자신의 구매와 이용 기록을 남긴다. 그 기록을 본 온라인 세계의 다른 유저(User)들은 서둘러 그 공간을 찾게 된다. 사람들에게 온라인, 오프라인에서 화제가 되는 공간은 그 공간만이 가진 이유가 있다. 앞서 말한 사전 조사와 사전 임대 마케팅을 통해 건물 내 멋지고 힙한 우량 임차인을 입주시켰다면 말이다.

'힙하다'는 멋지다, 쿨하다 정도로 해석하면 좋겠다. 디자인이나 패션 쪽의 회사들은 직원들 면접을 볼 때, '힙-지수'라는 것도 본다고 할 정도다. MZ세대들의 개인적 감성 같은 의미로도 볼 수 있겠다. 어느 브랜드의 옷을 사는지 어떤 브랜드의 상품을 선호하는지, 이유는 무엇인지? 이런 선택의 이유가 해당 기업의 디자인 감성, 기업 이념과 맞는지를 평가하는 기준 같은 것도 존재하는 세상이다. 부동산업을 철근, 콘크리트, 유리로 만들어진 말 그대로 '부동의 산업'이라고 생각해 감성, 힙과 무슨 상관이냐고 한다면 큰 오산이다. 그런 생각의 틀이 굳게 자리 잡은 올드한 마인드를 가진 건물주의 건물은 신축 건물이지만 결국 공실이 되거나 좋은 임차인이 입주하지 않는다.

오래된 것과 빈티지의 차이 같은 개념이 부동산 산업에도 영향을 미치고 있는 것이다. 자동차에도 이런 말이 있지 않은가? 30년 된 빈티지 올드카인가? 아니면, 오래된 폐차할 차인가?

사람의 심리는 재미있다. 어떤 상품 구매에 상당한 시간을 두고 구매를 검토하는 와중에 어떤 감성적, 감정적인 요소가 튀어 올라와서 그냥 사버리거나 안 사는 일들이 발생한다. 다들 집에 왜 샀는지 본인도 잘 모르는 물건 하나쯤 있을 것이다. 심지어 평소에 전혀 차고 다니지 않는 내 취향에 맞지 않는 명품 시계 같은 것들 말이다. 이런 즉흥적 구매는 부동산에도 똑같이 적용된다. 정도의 차이는 있지만 분명 수십억, 수백억을 기분에 휩쓸려 지불하기도 한다. 판매자는 이런 감성적, 감정적 터치를 역이용해 자신의 부동산을 매매하기도 한다. 감정적 터치를 이용한 가장 쉬운 방법은 부동산 건물을 매입함으로써 '프라이드'를 갖도록 하는 것이다. 건물의 가격이 비싸더라도 내 부동산을 사고 싶어 하는 누군가에게 구매를 염두에 둘 수 있게끔 해야 한다. 이때 필요한 것이 '핫플레이스'가 된 매물의 모습이다.

최근 들어 많은 성공학 자기계발서들이 말하는 '시각화가 필요하다'는 것이 여기에 해당된다. 사고 싶은 부동산 앞에 섰을 때, 이미 그 건물이 내 것으로 보이는 상상을 할 수 있도록 만들어 줄 필요가 있다는 의미다. 매물을 보러 답사를 온 날 1층 가게에 줄을 서 있는 사람들을 바라보며 생기는 그 자부심을 내 가족이나 지인들에게 보여 주고 싶은 욕망을 갖게 해야 한다. 많은 임대료를 준다는 A카페보다도 수수료 매장이거나 때로는 임대료가 더 낮은 조건인데도 스타벅스 같은 브랜드를 선호하는 이유가 그런 데 있다.

동창인 친구 둘이 지난달 건물을 샀다고 가정해 보자. A는 청담동에 150억짜리 빌딩을 50억 대출받아 매입했고, 1층에 스타벅스 매장이 입점해 있다. B는 고향인 불광동에 부모님이 물려주신 돈을 합쳐 500억짜리 대형 근린 생활 빌딩을 매입했다. 이 빌딩에는 유명 브랜드가 가득 들어차 있다.

두 친구가 빌딩주가 된 소식은 친구들 사이에 화제다. 부동산 투자 관점으로 봤을 때 분명 지역을 떠나서 둘 다 모두 좋은 투자로 보이지만 사회 통념상 사람들에게는 청담동 건물에 투자한 것이 더 좋아 보인다. 이는 사람 심리가 그렇다는 것을 단적으로 이야기한 예다. 그런 심리 때문인지 강남지역 빌딩은 특이한 포인트로 가격이 형성되기도 한다.

강남구 빌딩 가격 형성 공식
매매가＝부동산 가격＋강남 건물주 프라이드＋자부심 프리미엄

그리고 1가지 더 있는데 바로 환금성이다. 환금성은 투자 자산의 현금화 가능성을 의미한다. 부동산이라는 상품을 얼마나 빨리 현금으로 변환시킬 수 있는가이다. 주요 중소 빌딩 투자지에 빌딩을 사는 마음에는 금을 사는 마음과 일맥상통하는 마음이 있다. 기업도 아닌데 개인이 빌딩을 살 정도의 큰돈을 은행에 저축성 예금으로 갖고 있거나 심지어 금고에 보관하는 것도 한계가 있다. 불안감의 한계다. 그리고 낮은 은행 이자도 한몫했다. 지금은 금리가 올라 웬만한 투자보다 은행에 맡기는 것이 숫자로는 나을 수도 있지만 부동산 투자는 당장 이자의 높낮이로만 판단해서는 안 된다. 심리적인 부분도 매우 강하다. 부동산은 '부동'이라는 단어의 표현처럼 땅에 박혀 있고 거래 금액이 큰 만큼 우리가 안 쓰는 물건을 '당근(중고 거래)'하듯이 쉽게 팔기 힘들다. 그래서 많은 사람이 '빌딩을 산다면'이

라는 가정을 할 때 1순위 레드오션 지역인 강남구를 선호하는 것이다.

이 때문에 팔고 싶은 순간이 와도 금방 팔 수 있다. 100억 빌딩을 산 사람들은 120억, 150억에 되팔고 싶어 한다. 매입해서 갖고 있다 보면 물론 가격이 떨어지기도 하지만 오르기도 한다. 급할 때 바로 거래 가능한 좋은 지역의 부동산은 돈과 바로 교환 가능한 금과 같은 환금성을 갖는다.

❸ 내 손 안의 스마트폰 활용

요즘은 누구나 신체 일부처럼 스마트폰을 들고 다닌다. 누군가와 전화를 하기 위해서만 스마트폰을 사용하는 사람은 드물 것이다. 스마트폰으로 검색 가능한 부동산 정보는 이제 무궁무진하다. 대치동 아파트 매매, 임대 가격, 부천 원룸 임대가, 군자역 오피스텔 매매가 등 이런 정보들이 인터넷상에서 검색되기 시작한 것은 수십 년이 넘었다. 부동산 실거래가 공개가 확대되고 이 실거래가 공개를 기반으로 전문가들에 의해 매우 다양한 부동산 앱이 만들어졌다.

부동산이라는 검색어만 입력해도 수천 개가 넘는 앱이 눈앞에 나타날 것이다. 우리가 투자자의 관점에서 봐야 하는 앱은 생각보다 많지 않다. 거래가 끝난 부동산의 가격을 알려 주는 앱, 매매를 검토하기 위해 현재 나와 있는 매물들을 확인할 수 있는 앱, 매입을 검토하는 과정이나 이미 보유한 부동산을 신축할 때 면적이나 디자인의 가안(가설계 수준)을 추측할 수 있는 앱, 부동산의 현황을 알려주는 각종 공부(공적 장부: 건축물 대장, 토지대장, 토지이용계획확인원, 공시지가 확인, 등기부등본 등. 등기부등본은 법인 관리하므로 스마트폰이나 컴퓨터로 검색 시 비용이 발생한다. 일반 공적 장부는 민원24 등 정부 포털을 통해 무료로 검색할 수 있다)를 확인할 수 있는 앱 등이 있다.

과거에는 공적 장부를 확인하기 위해 대행업체에 비용을 지불하고 팩스나 우편으로 받아야 하는 번거로움이 있었다. 지금은 더 나아가 구청, 법원(등기소)에 직접 방문하지 않아도 되는 세상이다. 심지어 부동산 일을 하거나 부동산 투자에 관심이 많은 이가 이런 앱들을 편리하게 검색하기 위한 태블릿PC나 폴더형 스마트폰까지 판매되고 있으니 매우 편리한 세상이지 않은가.

점점 전문가들은 고도화된 컨설팅을 해야 하는 세상이 되었다. 개인 투자자의 경우 웬만한 정보 확인이나 분석은 지역 공인중개사들의 손을 빌리지 않아도 24시간 편하게 확인할 수 있다. 요즘 개인 투자자들을 상담하다 보면, 태블릿PC를 하나씩 손에 들고 온다. 이미 스스로 다 조사한 내용과 분석한 내용을 검증받는 형태로 상담이 이뤄지는 경우도 많다. 나 같은 부동산 컨설턴트가 끝없이 공부해야 하는 이유다. 고객이 이미 전문가이기 때문이다.

문제는 확실한 팩트에 기반한 분석력이다. 어떻게 해야 투자에 적합한지, 기대 수익률에 부합하는지를 분석하는 것인데, 이런 분석을 개인이 하기 위해서는 상당한 공부를 해야 한다.

프롭테크(Proptech)라는 단어를 들어봤을 것이다. Property와 Tech가 결합한, 부동산 데이터를 기반으로 사업을 하는 IT 기업을 표현한 신조어다. 덕분에 우리는 이제 집 앞의 스타벅스 건물의 매매가격이 얼마인지, 우리 동네의 어떤 건물이 언제 얼마에 매매되었는지 다 알 수 있다. 어떤 앱을 어떻게 활용할지 정하고 수시로 확인하는 것만으로도 내 손안에 엄청난 부동산 비서를 두는 것과 같은 효과가 생긴다. 어떤 앱은 매매 사례를 알려 주고, 어떤 앱은 내가 산 부동산, 내가 사고 싶은 부동산을 신축할 때, 어떤 규모로 공사할 수 있는지 건축법에 근거해 AI가 척척 계산해 주고 심지어 건물의 가상 외형도 간단하게 보여 준다.

다음은 부동산 정보를 살피는 데 좋은 앱들이다. 지금 바로 다운받아 검색창에 여러분의 건물, 여러분이 사고 싶은 빌딩의 주소를 입력해 보기 바란다.

◎ **디스코, 밸류맵**

부동산 거래 사례 및 실거래 확인 등 감정평가사가 만든 앱으로 가격 확인 중심

◎ **부동산플래닛**

전국 토지, 건물 실거래가 조회, 중개 의뢰가 가능한 앱 (중개법인도 별도로 운영)

◎ **랜드북**

가상의 설계가 가능, 간단한 신축 건물의 외형이나 건축 규모를 확인할 수 있음

◎ **민원24 등 국가 운영 포털**

건축물대장, 토지대장, 토지 이용 확인원, 공시지가, 지적도 등 확인 가능

◎ **법원 등기부등본**

건물 등기부, 토지 등기부를 열람할 수 있음 (유료)

✸ 등기부 무료 확인이 가능한 앱도 있으나 실제 거래 전에 반드시 법원 등기부등본을 직접 확인해 권리관계나 채권·채무관계에 변동이 있는지 확인해야 한다.

등기부등본 간단 확인법

등기부는 표제부, 갑구, 을구(내용이 많은 경우 요약본 별첨)로 구성되어 있으며 표제부는 부동산의 개요를 설명한 표지라고 보면 된다. 갑구는 소유권과 관련된 항목으로 쉽게 설명하자면 갑구든 을구든 일단은 간단하게 몇 줄만 적혀 있는 것이 좋다. 길면 길수록 소유권과 관련된 권리관계가 복잡하다는 뜻이다. 복잡한 권리관계에는 소유권에 있어서 소유자가 자기 부동산을 마음대로 처리하지 못하게 만드는 강력한 권리관계도 있으니 거래를 하게 된다면 무조건 전문가(변호사, 공인중개사 등)를 통해 확인하는 것이 좋다. 을구는 채권·채무관계로 제일 흔한 내용이 임차인의 보증금에 대한 근저당이나 임차권 등기다. 그 외에도 은행에 대출이 있는 경우 등 금융 기관과 관련된 채권·채무관계가 금액까지 상세하게 적혀 있으니 필수로 확인할 내용이다. 특히 선순위, 후순위 등 보호받는 순서도 정해져 있다.

기타 행정부가 관리하는 건축물대장이나 토지대장은 건물과 토지의 현황을 확인하는 내용으로 큰 이슈가 없는 확인 설명서 같은 장부들이다. 다만 불법 건축물이나 불법 부착물 같은 것들이 있어서 행정 조치를 당하고 있다면 매매 시에는 계약 전에 정상화하는 것이 좋다. 불법 건축물로 기재된 부동산은 대출이 어려운 물건 대상이라는 점도 알아야 한다. 그밖에 토지이용계획확인원은 해당 토지가 갖고 있는 잠재 개발 가치를 알려 주는 공부이니 신축을 고려한다면 잘 살펴야 한다. 지적도는 옆 토지와의 경계 등을 알려 주는 자료이다.

이런 다양한 서류, 거래 사례, 현재 매물, 향후 개발이나 리모델링을 위한 사전 조사를 위한 데이터들이 다양한 부동산 앱을 통해 확인이 가능하다. 일반 부동산 기업의 앱도 다양하게 개발되어 있으니 같은 부동산을 여러 앱을 통해 확인해 보기 바란다.

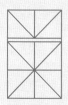

2장

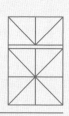

고금리 시대, 자신만의
투자 전략을 세워라

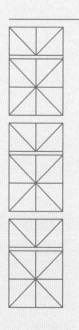

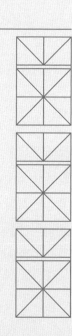

1

건물은 있지만, 금리가 무섭다

❶ 매매 차손, 무너진 균형

매매 차손을 간단히 설명하자면, 건물에서 나오는 임대료 전체 수익으로 은행에 내야 하는 이자를 100% 감당하지 못해서 손실이 발생하는 현상이다. 이는 2023년에서 2024년으로 넘어가는 시점에 매우 흔하게 발생하고 있다. 2023년을 기점으로 3~4년 거슬러 올라가 본다. 전 세계적으로 코로나 팬데믹 시기가 3년 가까이 있었지만, 대한민국 부동산 시장은 뜨거웠다.

특히 중소형 빌딩 매매 시장의 활황은 무서울 정도였다. 부동산 컨설팅을 업으로 삼은 나조차도 놀랄 과감한 투자들이 이어졌다. 2022년 말까지 서울 곳곳은 공사장들로 넘쳐났다. 수년간 거래된 빌딩들이 리모델링이나 신축으로 개발됐다. 2023년 초반에 준공 시기가 맞았던 빌딩들은 그럭저럭 임차인을 유치해 건물을 채우고 임대료 수익을 발생시키기 시작했다. 기존 임차인 명도나 여건이 맞지 않아 공사를 늦게 시작해서 준공이 늦어져 2023년 중반을 넘긴 건물들이나 리모델링이나 신축을 하지 않고 노후 건물 상태로 매입 후, 2023년 중반 이후를 맞이한 건물은 임대료 수익과 매입 시의 담보 대출에 대한 이자의 균형이 무너지고 말았다.

100억 부동산을 매입했다고 가정했을 때, 매매가의 50% 이상 대출받은 건물의 경우, 수익률은 아마 3~4%대 수준일 것이다. 심지어 강남구 부동산은 1~2%대의 수익률이라도 3~5년 후 미래의 매각 차익을 생각하고 매우 낮은 수입률이지만 빌딩을 매입한 사람들이 많다. 그렇게 매입한 부동산의 매매가를 기준으로 부동산 가치를 평가해 본다면, 아직까지 가치는 떨어졌다고 볼 수 없다. 그러나 공실 없는 만실 기준으로 월 임대료에서 대출에 대한 이자를 빼고 남은 금액이 흑자여야 하지 않겠는가?

이 시기에 대출금 이자는 보통 2% 후반에서 3% 후반 사이였을 것이다. 나 역시 갖고 있는 부동산에 받은 대출이 2배로 올랐다. 앞선 100억 부동산을 다시 예로 들어 대출 70억을 3.5% 이자로 받은 건물주는 지금 6~8% 이자를 내고 있을 것이다. 과연 월 임대료만으로 이자를 감당할 수 있을까? 답은 '아니'다. 심지어 공실이라도 생겼다면? 엎친 데 덮친 격으로, 보유세나 유지 비용 등이 금리 올랐다고 내려갈까? 그 역시 '아니'다.

홍대 K빌딩의 사례를 이야기해 보면, 체감적으로 확 와닿을 것이다. K빌딩은 연면적 약 120여 평의 4층짜리 소형 빌딩이다. 3년 전 건물주는 39억에 이 건물을 매입했다. 그 중 30억을 담보 대출받았고 나머지 9억에는 건물주가 살던 집을 매매한 금액도 들어 있다고 한다.

▸ 매매가 39억
▸ 담보 대출 30억
▸ 30억에 대한 이자 매월 850만 원 (2019년 기준)
▸ 2023년 현재, 매월 청구되는 이자 1,450만 원
▸ 건물에서 나오는 월세 900만 원 (현재 약 1,000만 원 정도)
▸ 월세로 감당할 수 없는 550만 원은 어떻게 조달해야 하는가?

이런 매매 차손, 즉 역마진은 한두 명의 문제가 아니다. 속앓

이하면서 겉으로 이야기하기 힘든 상황이다. 이런 역마진을 견디기 힘든 '영끌족' 건물주들의 매물이 2023년 말부터 나오고 있다. 이제는 꼬마 빌딩 매물이 늘어나고 있는 것이다.

❷ '영끌'이 만든 꼬마 빌딩 붐

영혼을 끌어모아서 무언가를 산다는 의미의 '영끌'은 부동산 투자 등 고가의 무언가를 구입할 때 흔히 사용하는 단어다. '대출' 없이 부동산을 사는 사람은 드물 것이다. 수년 전 부동산 투자가 과열되던 시기에 강남구를 중심으로 부동산 거래를 위해 관할 관청에 허가를 받아야 하는 시기가 있었다. 지금도 시행되고 있지만 일부에서는 유명무실해지기도 했다.

압구정 H아파트를 사기 위해 매매 의사에 따라 관청에 구입 의사와 자금 조달 계획 등을 허가받아야 하는데, 허가도 허가지만 은행 대출 심사도 구매자의 구입 능력을 다면 평가하는 방식으로 이뤄졌다. 따라서 낮은 금리를 활용해 최대치로 대출받아서 사는 것이 불가능했다. 이런 부동산 투기와 같은 투자를 막고자 움직였던 주택 시장의 규제들이 상업용 부동산 시장에 있어서는 또 다른 투자처로 각광받게 된 것이다. 아파트 거래액이 평당 1억 원을 넘어선 강남구의 평균을 생각해 보면, 아파트 값 대부분을 현금으로 보유하고 있어야 투자할 수 있었던 시기는 아파트를 사고 싶은 사람들에게는 가혹(?)했을 것이다.

최대 80~90%까지 대출할 수 있다는 달콤한 꼬마 빌딩 매입은 폭풍처럼 매수자를 끌어모았다. 같은 30억, 50억을 투자하더라도 아파트는 거주해야 하고 거주를 한다고 해도 내야 하는 대출 이자를 생각하면 거주하면서 월세를 내는 상황까지 생겨 만만치 않은 선택이다. 반면에 꼬마 빌딩은 발생하는 임대료 수입으로 대출 이자를 감당할 수만 있다면, 낮은 금리의 대출을 활용해 건물주의 꿈도 이루고 향후 개발이나 매매를 통해 자본 이득도 발생시킬 수 있는 매력적인 투자처였다.

2022년 초까지만 하더라도 이런 꼬마 빌딩 투자 트렌드는 틀리지 않았다. 은행 금리가 2023년처럼 될 거라고 생각하지 않는 안일함도 있었다. 금방 끝날 것이라고 생각한 러·우 전쟁은 1년이 넘어도 끝나지 않았고 세계 경제는 유럽과 미국이라는 큰 경제 주체를 중심으로 나빠졌다. 미국은 자국 보호와 인플레이션 억제를 위해 연준에서 단계별이자 지속적으로 금리를 올렸다. 미국 경제의 여파는 당연히 우리나라에도 영향을 미쳤다.

앞서 언급했듯 역마진이 생기기 시작한 것이다. 대출 비율 50% 이하로 빌딩을 구매했던 건물주들은 오른 금리에도 버틸 수는 있는 상황이며 관망하고 기다려야 하는 상황이다. 금리로 수익률은 떨어졌지만, 부동산 가치 하락까지 이어지지는 않고 있기 때문이다. 이제 매월 발생하는 임대료로 대출 이자를 100% 감당할 수 없는 빌딩을 소유한 건물주 중 자본력이 없는 개인 영끌족의 보유 부동산들이 매물로 나올 수 있다는 관측을 해 본다. 어떻게 보면, 또 다른 의미의 꼬마 빌딩 매매 붐이 불 수도 있는 것이다.

❸ 한 번 오른 가치는 떨어지지 않는다?

부동산 투자가 재미있는 것은 똑같은 물건이 전 세계에 하나도 없다는 것이다. 특히 입지가 좋고, 좋은 임차인을 품고 있는 빌딩의 가치는 더더욱 동네에 단 하나뿐이다. 예를 들어 특정 상권, 특정 입지에 있는 빌딩으로 건물주라면 누구나 자신의 건물에 입점시키고 싶은 좋은 임차인이 입점해 있는 건물은 특별하다. 경제 상황에 따라 매매가격은 오르고 내릴 수 있지만 상징성과 환금성은 매우 높다는 뜻이다.

과열된 시장에서 매물이 없어 빌딩을 사지 못했던 수년 전의 상황과는 다르게 이제 원하는 동네에 원하는 꼬마 빌딩을 살 수 있는 시기가 높아진 금리 덕분에 오고 있다. 자본력이 있는 투자자라면 그 주인공이 될 수 있을 것이다. 2024년, 자본을 가진 사람 또는 준비된 사람이 좋은 지역의 좋은 부동산의 소유자가 될 수 있는 기회가 오고 있다.

매물이 아예 없어서 웃돈을 주더라도 못 사던 시기와 다르게 제값을 치를 마음만 있다면 살 수는 있는 시기라는 표현이 맞을 것이다. 물론 대출 이자를 감안해 자기 자본 비율을 높이고 앞으로 이야기할 콘텐츠라고 표현할 우량 임차인을 건물에 유치해 다른 건물과의 차별화 및 임대료 수익의 안정화를 꾀해야 한다.

❹ 고금리 시대를 이겨 내는 방법

고금리를 이겨 내는 가장 좋은 방법은 남의 돈을 쓰지 않는 것이다. 너무나 당연한 말이지만 정답은 아니다. 적절한 레버리지는 항상 필요하다. 다만 대출금에 대한 이자는 내가 담보로 금융기관이나 다른 기관(?)에 설정해 준 부동산이나 기타 자산에서 발생할 수 있는 수익이 감당할 수 있는 범위에 들어와야 한다. 불가피한 경우, 직장 생활을 통한 급여 발생이나 다른 사업체에서 발생하는 수익이 부족한 이자금에 대한 충분한 커버리지가 된다면 그 감당 범위에서 최대치까지 대출을 고려해 볼 수 있을 것이다.

이때 하나 더 고려할 것이 있는데 이자를 '어떻게든 낼 수 있다'에서 그치지 말고 그 이자를 언제까지 감당할 것인지와 향후 그렇게 지불한 이자의 합계를 능가해서 매각 차익을 확보할 수 있는 투자인지를 검토하고 실행해야 한다. 잘못하면 은행 좋은 일만 시킬 수 있기 때문이다. 부동산 매입 초기 단계부터 적합한 가격에 매입해야 하고 매입 후에는 임차인 교체를 통해서든, 건물 리모델링을 통해서든 가치 상승을 위한 자산 운용이 가능할지를 매우 신중히 고민해야 한다는 것이다.

특히 노후 빌딩을 구입하는 경우 높아진 공사비, 인건비까지도 가치 상승을 위한 금액을 감당할 수 있는지도 중요하다. 결국은 적당한 금액을 대출받아야 한다. 건물주의 이자 지불 능력을 떠나 해당 건물에서 발생하는 수익이 건물의 금융 비용과 관리 비용까지 처리할 수 있는 범위의 건물을 택해 매입하는 것이 좋다. 물론 좋고 비싼 건물이 향후 더 높은 자산 가치를 보일 수밖에 없기 때문에 욕심을 내서 무리한 투자를 하기도 한다. 하지만 부동산 투자도 빌딩을 통한 '임대 사업'을 하는 것이므로 사업을 무리하게 하면 안 된다.

❺ 자기 자본 비율이 높은 투자의 필요성

앞서 고금리 시기에는 욕심을 조금은 낮추고 건물에서 발생하는 수익 범위 내에서 투자하는 것도 필요함을 이야기했다. 결국은 부동산 자산을 보유하기 위해 최소한 자기 자본이 50% 이상은 투입될 수 있는 상황도 필요하다. 2024년에는 과거 3~4년 전 무리한 레버리지로 매입한 빌딩들이 매물로 나올 수밖에 없다고 예상한다. 이미 일부 임대료 대비 대출 이자가 역마진을 일으키는 빌딩들은 조용히 매물로 나오고 있으니 말이다. 좋은 상권 속에서도 좋은 입지의 건물들이나 인근 빌딩들은 매물이 귀한 편인데, 그런 좋은 매물들도 상당수가 역마진을 일으킬 상황이니 현금 자산이 많은 자산가에게는 좋은 부동산 시기가 온다고도 볼 수 있다. 압구정 H아파트 같은 경우도 매물보다 매수자가 더 많이 존재하는 물건이라 대출 이자 관련 정책, 부동산 거래 관련 규제 등의 핸디캡이 아무리 생겨도 현금 부자들은 그냥 현금으로 사버리지 않는가? 꼬마 빌딩도 마찬가지다.

물론 전제 조건이 있다. 좋은 상권 내 좋은 입지의 빌딩은 경기, 경제와 무관하게 물건보다 매수자의 수가 더 많다. 많은 학습이 되어 있는 사람, 미리 자금이 준비되어 결정과 함께 계약할 수 있는 사람이 주인이 되는 것이다. 내가 무수히 많이 다니는 투자 관련 강의장에 모인 건물주들도 그런 이유로 안목을 높이고자 공부를 하고 있는 것이다.

부자들의 공부는 일반 회사원들이 6시면 집에 가서 쉬겠다는 사고방식과는 천지 차이다. 그들은 일과 쉼의 경계가 없다. 내가 일해야 하면 밤이라도 새워 일하고 내가 쉬고 싶을 때가 오면 쉰다. 그런데 보통은 쉬지 않는다. 부자들은 일반 직장인들의 눈에 노동이나 일로 보이는 활동 속에서 쉰다. 임장이 산책이요, 협상이 놀이다.

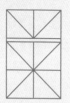

3장

부동산, 어디에
투자해야 할까?

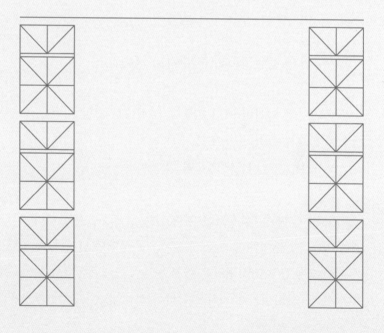

1 부동산에
블루오션 전략은 없다

❶ 사람이 없는 동네, 투자해도 될까?

흥한 지역은 당연히 이미 비싸다. 그럼에도 흥한 지역을 우선으로 검토해야 한다. 아무도 관심 가지지 않는 동네에 건물을 산다면, 평생 당신만의 건물이 될 것이다.

2005년 출판된 《블루오션 전략》(김위찬 저, 교보문고)이라는 책이 있다. 이 단어는 몇 년간 세상에서 유행했던 단어다. 부동산 투자에서 블루오션 전략은 어떤 방법이 있을까? 남이 알아보지 못한 것에 미리 투자하거나 남이 하지 않는 물건에 투자

하는 건 어떤 결과를 가져올까? 남이 알아보지 못한 것에 투자하는 일은 스스로를 과대평가하는 것이다. 요즘 세상에서는 내가 생각하는 것은 누군가 이미 다 알고 있다고 생각하는 것이 맞다. 사람의 머리가 다 거기서 거기다. 남이 관심 보이지 않아 가격이 저렴하고 추가로 할인 협상도 가능한 빌딩이 있다면? 이런 경우 사야 할까?

답은 모두 'No'다. 빌딩 투자는 매수자와 매도자가 모두 풍부한 동네에서 사고팔아야 한다. 굳이 사고파는 것에 있어서 우선순위를 정하자면 '파는 것'에 초점을 맞춰 이야기하고 싶다. 잘 팔기 위해서는 잘 사야 한다. 잘 사려면 잘 팔릴 동네로 가야 한다. 불경기, 호경기를 가리지 않고 매매가 일어나는 동네, 많은 차익을 포기하더라도 매물로 내놓으면 바로 팔리는 동네, 늘 나의 부동산에 관심 보일 가망 매수자가 복수로 있을 동네. 결국 매수자가 늘 존재하는 지역에 투자하라는 이야기다. 경쟁이 치열한 지역, 누구나 빌딩을 산다면 제일 먼저 떠올리는 동네에 사야 한다. 그러면 우선 안전성이 확보된다.

늘 매수자가 존재한다는 것은 부동산 투자에 있어서 '부동'이라는 움직일 수 없다는 의미의 단어를 말랑말랑한 '유동'이라는 단어로 만들어 줄 그런 의미다. 환금성이 매우 뛰어난 부동산 즉, 유동산이 되는 것이다. 꼬마 빌딩, 중소형 빌딩을 매입하는 투자자 중에는 단순히 빌딩을 사고 싶어서 구입하는 매수자도 있지만, 현금을 은행에 맡기는 것에 대한 부담감과 낮은 금융 투자 이익 대비 높은 부동산 투자 이익을 고려해 부동산을 매입하는 경우 등 이유가 가지각색이다.

다 각기 다른 사연으로 빌딩을 산다. 투자자 중에는 종로 금은방 거리에서 금괴를 사는 마음으로 빌딩을 사는 사람도 있다. 언제든 종이돈, 전산상의 돈과 다르게 실물 가치로 교환할 수 있는 것이 금이다. 심지어 금 거래소를 찾으면 약간 손해 보고 파는 일이 생길지언정 바로 현금으로 바꿀 수 있다. 강력한 환금성이 있는 것이다. 강남지역의 꼬마 빌딩이 이런 금괴 같은 존재로 매매되는 심리가 있다. 지구상에 단 한 개만 존재하는 주소(지번)의 땅에 박혀 있는 콘크리트 구조물은 100억짜리 금괴를 사야 하는 번거로움과 도난이나 분실의 우려도 없는 강한 안전성을 갖기도 한다.

그럼에도 불구하고 빌딩은 역세권을 중심으로 서울 전역에서 골고루 거래되고 있다. 최고의 투자처에서 빌딩 거래를 하지 못했다면 우리는 극복 방안, 가치 상승 방법을 찾아서 보완하면 된다. 환금성을 위한 노력과 시간은 더 투자해야 하지만, 대신 돈이 덜 들 것이다.

❷ 지금의 경제 위기는 IMF와 다르다

사고 싶은 지역에서 살 수 있는 빌딩이 나오는 수준의 시장이 온다. 준비된 투자자는 원하는 지역에서 건물주가 될 수 있는 상황이 오고 있다는 뜻이다. '매매 붐'이라는 단어에 맞는 과열 시장이 온다는 의미가 아니다. 세계적인 경기 하강 등의 단어는 IMF 경제 위기를 경험한 우리나라 사람들에게는 또 다른 의미로 생각을 불러일으킨다. 과거 경제 위기 시기마다 급락한 부동산을 헐값으로 매입해 부자가 된 사례를 많이 볼 수 있었기 때문이다.

지금의 상황은 다소 다르다. 급매물들이 쏟아져 좋은 빌딩을 원하는 매매가에 살 수는 없다. 과거 3~4년 전부터 2022년 초까지 금리가 오르기 전 꼬마 빌딩 매매 시장은 한 동에 매물이 건물 하나뿐인 이런 시기가 있을 정도로 극도의 매도자 시장이 이어졌었다. 100억 원 가치의 빌딩도 120억 수준에 며칠 사이로 팔릴 정도의 매수세였다. 지금은 관망세로 꼭 필요한 거래만 일어나고 있다. 일종의 소강상태다. 그럼에도 꼬마 빌딩의 가치가 떨어지지는 않았다. 달리 생각하면 매입할 수 있는 타이밍이 오고 있지만, 엄청난 투자 수익을 볼 수 있는 시장은 아니라는 것이다. 이는 즉 원하는 수익 만큼에 도달하기 위해 스스로 수익률을 높여야 한다는 의미다.

누가 어떻게 어떤 방법으로 실행하느냐에 따라 가치 상승의 폭도 달라질 수 있다. 이것이 우리가 공부를 해야 하는 이유다.

❸ 성공은 임대차 관리에서 시작된다

우량, 장기 계약, 대형 임차인, 공실 방지라는 키워드를 생각해 보자. 건물주가 된다는 개념이 이제는 달라졌다. 최고의 공간을 만들어 임차인에게 제공하며 지속적인 입주 서비스 제공과 신규 서비스 도입은 물론, 안전성을 함께 제공해야 한다. '조물주 위 건물주'가 아니라 임차인이 내 건물에 입주해 얻게 되는 이익과 혜택을 따질 줄 아는 '서비스직'이라고 생각해야 한다.

유사한 서비스를 제공하는 경쟁 건물이 계속 공급되는 시장에서 상품성을 가지는 것은 매우 중요하다. 특히 공실률은 경제 상황에 따라 수시로 변동되고 대형 건물에 비해 중소 빌딩은 그 영향을 더욱 크게 받는다. 외부적인 경제 상황과 무관하게, 동급의 건물이 공실이 많거나 공실이 장기간 해소되지 않는 상황이라도 내가 보유한 빌딩은 항상 임차인들이 입주하고 싶어 하는 건물로 만들고 관리해야만 한다. 만약 리모델링이나 신축 중인 빌딩이라면 준공 전에 지역에서 가장 좋은 임차인이 내 건물로 입주하도록 제안해야 하고 몇 가지 원칙에 따라 우량 임차인을 입주시켜야 한다.

우량 임차인을 입주시키기 위한 꿀팁

① 평소 10개 정도의 경쟁 건물을 시장 조사용으로 정하고 한
   달에 한 번 정도 입주사 변동을 체크해 본다.
   동급 건물 10개, 상위 수준 빌딩 10개, 하위 빌딩 10개 정도
   를 동네에서 정하고 수시로 지나갈 때마다 유심히 살펴본다.

② 지역 부동산들을 통해 거래되는 빌딩의 사례를 수시로 분석
   한다.

③ 공사 중인 건물이 있다면 임대가격을 어떻게 책정했는지 확
   인한다.

④ 지역 내 좋은 임차인을 '내 건물로 이사 온다면'이라 가정하
   고 나열해 본다.

⑤ 어떻게 하면 좋은 임차인을 내 건물로 유치할지 임차인 입장
   에서 생각하고 제안할 포인트를 정리한다.

⑥ 수익률을 무시할 수는 없지만 얼마나 많은 면적을 사용할 업

체인지, 얼마나 오래 있을 수 있는 업체인지에 따라서 임대료 협상을 다르게 한다.

⑦ **1층 매장은 되도록 개인과는 계약하지 않는다. 같은 도넛 가게라도 개인이 운영하는 도넛 프랜차이즈가 아니라 도넛 매장을 운영하는 운용사와 계약하도록 유도하라. 이 과정에서 임대료를 낮추더라도 회사와 계약하도록 한다.**

임대차 계약 종료가 필요할 때, 일반적이고 상식적인 비용과 절차로 종료할 수 있도록 준비해 둬야 한다. 회사와 계약할 경우, 나중에 임대차 계약을 중도해지하더라도 해당 임차사의 담당자가 다치지 않고 해당 회사 내부에서 행정적으로 결재가 날 수 있는 상식적 보상으로 해지할 수 있기 때문이다. 개인이라고 모두 중도해지 협상이 안되는 것은 아니다. 다만 10년 정도의 임대차 보호법상에 보호를 받을 수 있는 조건의 임차인이 내 건물의 임차인으로 입주해 있는 경우라면 향후 매각 시, 신규 건물주가 직접 건물을 사용하기 위해 임차인을 명도하고자 할 경우, 기존 임차인과의 협상이 결렬되면 건물을 팔 수 없다.

⑧ **통임대 계약을 두려워할 필요가 없다.**

5개 층 건물을 한 회사가 전부 사용하는 경우, 한꺼번에 이사하게 되면 새로운 임차인을 유치시키기까지 임대료 손실 등 금전적 어려움이 발생할 수 있어 건물주 입장에서는 계약을 꺼리게 된다. 하지만 이런 급작스러운 이전이 아니라면 손쉽게 하나의 임차인과 상대하면서 편하게 건물을 관리할 수가 있다. 대기업의 자회사거나 관계 회사 등 우량 임차인이 사옥형으로 사용하는 경우 입주 후 5년 이상 또는 10년에 가까운 장기 임차인이 되기도 하기 때문에 2~3년부터는 임대료를 해마다 올릴 수 있는 장점도 있다.

따라서 입주 시점에 임차인에게 인테리어 공사비 지원(TI,Tenant Improvement) 등의 입주 시 인센티브를 임차인에게 제공해 주는 것도 유인책으로 활용할 수 있다. 대신 입주 시 제공 혜택은 '합의 기간 이내에 중도해지 시, 반환이나 보증금에서 차감'하는 등의 계약상 합의를 할 수 있고, 중도해지를 하더라도 6개월이나 12개월 전 통보 등 충분히 대체 임차인을 찾을 수 있는 시기를 확보하고 원상복구를 철저히 하도록 계약서를 보완해 작성하면 된다.

단, 10개 층이 넘어가는 등 규모가 커지는 경우 50% 정도는 1개 우량회사 입주를 진행하면서 나머지는 1개 층, 2개 층 정도로 임대하는 임대료 수입 창구의 포트폴리오를 짜도록 한다.

2

성공하는 부동산 투자 포인트 3가지

① 돈의 흐름, 상권과 입지

돈의 흐름이 있는 지역인가?

부동산 투자에 있어서 청담동, 홍대, 성수동 등 투자자의 꾸준한 관심이 있는 지역을 우선 투자 지역으로 고려하는 것은 당연하다. 매수자가 몰리는 레드오션에 투자하는 것이 향후 매각을 생각할 때도 빠른 환금성을 갖는다. 그러나 모든 투자자가 청담동, 성수동에만 빌딩 투자를 하는 것은 아니다. 실제로 실거래 데이터를 보면 역세권을 중심으로 고른 매매 양상을 보이기도 한다. 상권과 더불어 중요한 고려 요소가 1가지 더 있다. 바로 입지다.

아무리 청담동, 성수동 상권이라도 해당 지역에서 나쁜 위치를 차지하고 있다면, 부동산 가격은 주변 시세에 따라 높은 가격을 형성하고 있더라도 임대료 자체는 높게 평가받지 못할 것이다. 당연히 필요한 시기에 매매하고 싶어도 상당한 시간이 걸린다. 부동산 투자에서 환금성이 가진 의미는 매우 중요하다. 성장세의 사업을 하는 사업자의 부동산 투자인가, 아니면 퇴직 후 연금 형태의 높은 월 임대료가 필요한 것인지에 따라 어느 지역에 어떤 부동산에 투자해야 할지를 판단하는 잣대가될 수 있다.

전자의 경우 수익률보다는 환금성과 보유 후 매각 시의 차익이 높을 수 있는 지역의 빌딩 투자를 우선 고려해야 한다. 따라서 강남권을 비롯한 가망 매수자군이 많은 레드오션 지역을 선택해야 한다. 후자는 강북권, 경기 주요 역세권의 우량 임차인이 입주해 있는 빌딩에 투자하는 것이 바람직하다. 강남지역이 아니더라도 스타벅스, 파리바게트 등 유명 브랜드의 임차인이 사용하고 있는 빌딩들도 많기 때문이다. 빌딩 투자에서 상권은 매우 중요하지만, 상권이 아무리 좋아도 그 부동산의 입지가 좋지 못하다면 투자 성공의 가능성은 그만큼 낮아진다.

❷ 투자자가 선호하는 지역, 위치 가치

강남지역과 어떤 연관성이 있는가?

빌딩 투자에서 투자자가 선호하는 지역은 당연히 존재한다. 강남구 전역, 성수동, 홍대, 연희, 연남에 있는 빌딩의 인기는 끝없이 이어지고 있다. 해마다 빌딩 매매 데이터를 분석해 보면 전국에서 역삼동과 논현동이 1, 2위를 엎치락뒤치락한다는 것을 알 수 있다. 당연한 결과다. 역삼동과 논현동이 강남구에서 제일 큰 동네이기 때문이다. 성수동의 인기 역시도 강남구와 가까운 강북지역이라는 것도 무시하지 못할 요소일 것이다.

빌딩 투자를 위해 상담을 요청하는 고객들을 만나다 보면 첫 미팅에서는 고객이 원하는 이야기에 초점이 맞춰지는데, 질답 형식의 상담이 되기도 한다. 빌딩 매입을 위해 선호하는 지역이 있는지 질문하면 대부분 강남이라고 대답한다. 특히 빌딩 매입을 위해 오랜 시간 투자하지 않은 상태에서 처음 상담하는 경우라면 이런 답이 대다수다. 그 이유는 지난 3~4년 사이 우리나라에서 중소형 빌딩이 가장 많이 거래된 동네를 조사해 보면 역삼동과 논현동이 1, 2등으로 거래 사례가 많은 동네로 나오기 때문이다. 거래 사례가 많고 유명인들의 빌딩 투자 사례가 기사화되고, 많은 투자 성공 사례를 언론이나 소셜미디어에서 자연스럽게 접하는 상황이 온다. 목적성이 투자인 경우에는 강남권 선호가 더욱 강하다. 거래가 많은 지역은 경기 상황에 따라 차이는 있지만 향후에 가망 매수자도 다른 지역에 비해 많다는 장점 때문에 빠른 거래가 가능하다. 현금화가 빠르게 될 수 있는 높은 환금성을 갖기도 한다는 의미다.

물론 투자와 실제 사용 목적이 공존하는 매수자의 경우는 조금 다르다. 1시간 정도 상담하면 매수 고객이 원하는 것을 충분히 듣고 필요에 따라 어느 지역에 어떤 건물을 사야 최적의 선택인지 답이 나온다. 상담하다 보면 고객도 부동산 전문가의 '간'을 보고, 부동산 전문가도 반대로 고객의 진실성을 본다. 자연스러운 과정이다. 이런 첫 미팅의 결과에서 고객은 좋은 건물을 해당 부동산 전문가를 통해 매입하기도 하고, 그날의 미팅이 단발성으로 끝나기도 한다.

❸ 임대 수입의 증가 가능성을 파악하라
지역에 안 맞는 저평가 업종이 입주되어 있는가?

"가치 상승이 가능한가?"

빌딩 투자에 있어서 가장 중요한 요소 중 하나다. 내가 몸담고 있는 회사는 부동산의 가치 상승을 연구하고 업으로 수행하는 부서가 따로 있을 정도다. 투자자의 성향에 따라 보수적 투자자가 있고, 도전적이며 재미 요소를 중요하게 생각하는 투자자가 있다. 이들의 공통점은 자신이 투자한 부동산의 자산 가치가 얼마나 높아질 수 있느냐가 중점이라는 것이다. 이런 성향과 투자자의 직업에 따라 투자 물건, 투자 지역도 상당히 달라진다.

앞서 언급한 강남 선호 고객들은 안전성을 더 높게 생각하는 성향의 투자자라고 볼 수 있다. 가장 매수자 폭이 넓고, 경제 상황에 따라 가격 인상, 인하 폭은 존재하지만, 거래는 잘되는 지역에 투자하고자 하는 것이다. 돈은 있는데 임대 수익이나 향후 매각 차익은 작더라도 빠른 환금성과 공실 리스크가 적은, 안전성이 높으며 경제 상황이 나빠져도 안전한 건물을 찾는 고객에게 하는 말이 있다. 그들에게는 농담처럼 역삼동 신축 오피스 빌딩을 매입하라고 말한다. 통임대로 T그룹 자회사가 사용 중인 건물은 비싸고 수익률은 낮지만 말이다.

그러나 높은 투자 수익과 재미 요소를 통해 높은 가치 상승의 결과를 원하는 고객이라면 성수동 노후 건물, 연남동의 용도 변경과 높은 수준의 리모델링이 필요한 건물을 구입하라고 권한다. 다른 표현으로 '노력'인데, 상당한 시간과 스트레스를 건물주가 자처해서 맡게 되는 경우다. 역삼동 신축 오피스 빌딩을 매입하는 투자자와는 뇌 구조가 다르다. 이 경우 가치 상승(임대료 상승)의 결과는 역삼동 오피스 빌딩이 임차인을 교체하거나 기존 임차인에게 임대료를 올려 받는 일상적인 수준의 수익률과는 비교가 되지 않는 높은 가치 상승을 가져온다. 이 때 핵심은 그 임대료를 감당할 수 있는 임차인 유치에 있다.

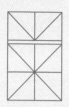

4장

빌딩도
브랜딩의 시대다

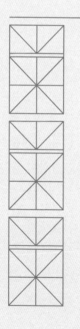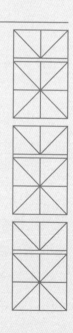

1

내 건물의
이름값을 만들어라

❶ 지역의 변화를 읽고 있는가?

모든 건물주가 건물 1층에 유명 브랜드로 최고의 임대료를 내면서 입주하게 만들 수는 없다. 그렇기에 내 건물의 가치를 높이려면 거주 지역의 변화를 잘 알고 있어야 한다. 상권이 좋지 않거나 좋아지는 지역 이슈를 간파하지 못하는 무심한 건물주가 되면, 유명 브랜드가 들어올 가능성은커녕 다른 건물주들이 리모델링을 하거나 신축을 계획하는 도중에도 알아채지 못하고 지역의 새바람의 수혜(?)를 전혀 보지 못한다. 결국 자신의 건물만 평가 절하되어 버리고 마는 것이다. 지역에 새로운 교통 호재나 대규모 재개발, 재건축 호재 등이 벌어지고 있는지 상황을 면밀하게 살필 필요가 있다.

자신이 보유한 빌딩 주변의 노후 아파트 단지가 재건축에 들어간다면 해당 아파트 입주 시기에 맞춰 내 건물의 가치 증진 기회가 있는지 검토해야 한다. 부동산을 보유한 건물주 중에는 동물적인 감각으로 주변의 변화를 감지하는 분들이 많다. 젊은 시절 맡았던 전속 건물의 어느 건물주는 9층짜리 건물의 절반 규모를 사용하던 임차인이 이사하고 나에게 임대 전속을 맡겼다. 날이 흐린 어느 날인가, 그는 건물이 위치한 강남대로 대로변을 함께 걸어보자고 했다. 같이 거리를 걸으며 내가 그에게 산책을 자주 하시냐 물었다.

내 질문에 그는 이렇게 날이 흐린 날에 우리 건물이 속한 강남대로를 걷다 보면, 업무 시간대인데도 불이 꺼진 건물들을 볼 수 있다고 했다. 그럼 어느 건물 몇 층이 비어 있는지, 내 건물 공실 비율과 비교해 차이가 얼마나 나는지, 공실이 없는 건물은 어떤 장점이 있는지를 알 수 있다고 답했다. 망치로 머리를 맞은 느낌이었다. 이 건물주의 주변 경쟁 건물 공실률 조사 방법은 그야말로 너무나 감각적이다. 이런 과정이 주먹구구 같고 구식인 것처럼 느끼는 사람도 있을 것이다. 그러나 이보다 더 정확할 수도 없다.

❷ 꼬마 빌딩을 랜드마크로 만드는 방법

부동산이 랜드마크라는 호칭을 갖게 되는 요소는 크기만으로 좌우되는 것은 아니다. 동네 사람들끼리 빌딩의 특징 몇 가지만 이야기해도 다 통할 수 있는 그런 인지도가 생긴다면 지역 내 많은 빌딩 중에서도 차별화된다. 신축이나 리모델링을 통해 건축적으로 수려한 디자인을 갖추게 되면, 예를 들어 용마초등학교 교문 앞 핑크색 건물이라 불리거나 주민센터 옆 투썸플레이스가 있는 건물 등 각기 다른 수식어들이 생길 것이다.

물론 이 인지도는 자연스럽게 생길 수도 있지만 인위적으로 만들 수 있다. 그런 인위적인 방법을 찾아 적용하는 것이 부동산의 가치를 높이는 방법 중 하나다. 그 인위적인 방법 중 가장 유익하고 건물 가치에 도움이 되는 것은 좋은 임차인을 입주시키는 것이다. 특히 1층 임차인으로 말이다.

❸ 잘되는 건물에는 스타벅스가 있다?

어떤 건물주들은 지역 내 인지도를 싫어하기도 한다. 내 빌딩이고 스타벅스는 임차인일 뿐인데 군자역 스타벅스 빌딩으로 불리는 것을 싫어하는 것이다. 심지어 센(?) 임차인이 입주하는 경우는 계약서나 계약조건이 임차인에 의해서 휘둘리는 경우도 많아 큰 임차인이 입주하는 데 기분 상해하는 임대인(건물주)들이 있다. 예를 들어 작은 건물 1층에 세븐일레븐 같은 편의점 하나를 입점시키더라도 롯데가 요구하는 계약서를 임대인이 승낙하는 형태로 계약이 이루어진다.

계약서는 만든 사람에게 더 유리하도록 작성되는 것이 사실이다. 그러나 장점을 생각해야 한다. 임차인 덕분에 내 건물이 지역에서 입소문이 나게 된다. 이게 무슨 의미인지는 계약 성립 과정을 알면 더욱 이해하기 쉽다. 계약을 위해서는 쌍방이 필요한데, 보통 건물 임대차는 채워야 할 공간을 가진 건물주가 공간이 있음과 입주를 위한 조건을 시장에 알리게 된다. 이는 일종의 청약이며 이 청약 내용에 부합한 공간 사용 희망자(가망 임차인)가 승낙하면 계약이 성립된다. 임대차 계약서를 작성하는 데 필수로 임대인이 만든 계약서에 무조건 임차인이 사인해야 되는 것은 아니다. 임차인이 만든 계약서를 임대인이 승낙해도 된다는 말이다. 중요한 것은 어떤 청약이든지 승낙하는 사람이 자신의 이익을 충분히 계약에 반영하면 된다.

MZ세대가 좋아하는 브랜드가 입점한다면 그들은 카페에 커피만을 마시러 오는 게 아닐 테다. SNS 업로드를 위해 오는 목적이 더 큰 고객이 대다수이기 때문에 그들이 찍어서 올리는 사진들로 인해 내 건물이 '핫플'이 된다. 이때 커피 사진만 올라오지 않고 건물 사진이나 위치가 온라인상에 드러난다. 이것을 본 또 다른 사람들이 내 건물에 오게 되는 것이다. 인지도가 생긴다는 것은 입주를 원하는 가망 임차인을 찾는 데 유리해진다는 의미가 된다. 당연히 임대차 계약에서 건물주가 갖는 힘도 커진다.

스마트폰을 활용해 빌딩의 거래 사례, 내가 관심 있는 지역의 부동산 매물 등 각종 정보를 파악할 수 있듯, 스마트폰으로 각종 SNS 계정을 만들고, 직접 포스팅하지는 않더라도 관심 있는 동네의 핫플레이스를 검색하거나 신축 빌딩의 정보를 확인하고 찾아가 보는 노력은 게을리하면 안 된다. 동네가 달라지는 정보, 돈의 흐름, 대기업의 투자 소식 등을 파악하고 있어야 재산을 지킬 수 있는 세상이다. 건물 이면에 대규모 아파트 재건축이나 아파트를 짓기 위한 재개발이 들어갈 예정이라면, 그 아파트 단지가 완공되는 시점을 감안해 내 건물 임차인을 리뉴얼하기 위한 준비 작업에 착수해야 한다.

자신이 보유한 부동산 주변에서 발생하는 대규모 개발이나 경쟁 건물의 리모델링, 신축 이슈를 주의 깊게 살피지 않는다면 내 건물의 좋은 임차인을 모두 뺏기게 될 것이다. 임차인들은 같은 조건이라면 언제든지 다른 새 건물로 이사할 준비가 되어 있다. 심지어 더 비싼 임대료를 지불하더라도 더 좋은 건물이 생긴다면 이사할 것이다.

항상 주변을 살피자. 그리고 임차인이 내 건물을 사용하는데 불편함은 없는지, 동네 공인중개사들은 어떤 임대차 시장 이슈를 나에게 이야기해 줄 수 있는지 살펴야 한다. 빌딩주라면 내 건물이 포함된 지역 공인중개사들을 수시로 만나 이야기를 나눠야 한다.

건물주로서 체크할 것들

☑ 기존 임차인들의 계약 해지 날짜를 맞춘다.

☑ 기존 임차인들의 계약 일정을 조절하며 이사시킨다.

☑ 건물의 리모델링 수준이나 신축 검토 여부를 판단한다.

☑ 지역 상권 조사를 통해, 나의 새로운 건물에 어떤 임차인 유
치가 가능한지 분석한다.

☑ 임대료를 많이 낼 수 있는 임차인군을 타기팅해서 설계 확정
전에 접촉을 시도한다.

☑ 건물을 통으로 사용할 수 있는 프랜차이즈 카페, ○○클리닉,
○○입시학원 등 가망군의 임차인을 공사 전 찾도록 대행사
인 중개법인을 선임하는 것도 고려한다.

☑ 임대 수익 극대화에 맞춘 공사비 산정과 임차인 업종 타깃을
정한다.

☑ 임대료 상승에 영향을 덜 주는 과잉 스펙의 공사 항목을 배
제한다.

☑ 상업성을 잃지 않는다. = 임대료 상승 한계치에 따라 공사비
투입 수준을 결정한다.

2 건물에 아이덴티티를 입혀라

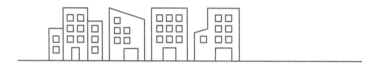

❶ 건물의 용도를 파악하라

건물을 신축하거나 매수하는 고객들에게 꼭! 물어보는 것이 바로 빌딩의 '용도'다. 가장 먼저 어떤 용도로 빌딩을 구매하려는 것인지를 파악해야 한다. 전체를 직접 사용하는지, 일부 사용하고 나머지 임대인지, 100% 임대 수익용인지 등 사용 용도에 따라 건물은 신축, 리모델링을 기획할 때 계획이 달라야 한다. 부동산을 매입하는 이유는 모두 제각각이다. 과거에는 임대 수익용 부동산에서 나오는 임대 수입으로 생활하는 이들이 많았다. 또 퇴직한 어르신들이 상가주택을 구입해 거주하면서 임대 사업을 하는 경우도 다수였다. 물론 아직까지 그런 추세는 지속되고 있다. 덧붙여 최근에는 많은 건물 투자자들이 부모 세대를 거치면서 물려받은 증여 자산으로 부동산을 매입하거나 상속, 자수성가를 통해 자신들의 직업이 별도로 있는 상황에서 단순 수익용 부동산으로의 매입뿐만 아니라 자신만의 개성을 부동산에 입히려는 경우가 많아지고 있다. 앞서 언급한 건축 프로세스처럼 건물주 자신의 취향이나 디자인 센스 등을 모두 반영한 설계를 선행하고 꼼꼼한 시공을 통해 완성도를 높이려는 건물주가 많아졌다는 것이다. 여러 번 건물을 지어 본 건물주는 웬만한 설계자의 감각이나 시공사의 공정관리에 못지않은 부동산 개발자가 되어 간다.

건물주보다 본인 건물에 대해 더 많이 아는 사람은 없다. 특히 직접 사용하려는 건물주는 설계에 본인이 자가 사용하기 위한 편리 시설이나 특별한 장치들을 주문하는 경우가 많다. 심지어 건물 디자인 자체를 본인의 취향, 색상, 본인 직업과 연관된 상징물 설치 등 다양한 요소를 적용한다. 물론 너무 심한 자기화는 상품성을 떨어뜨리기도 하기 때문에 정도가 지나치면 나 같은 자산 관리 전문가가 나서서 말리기도 한다. 부동산을 평생 갖고 있는 사람은 많지 않으니 매매 가능성을 고려해 건물주 취향과 범용성에서 균형을 찾아야 한다.

정형외과 원장인 건물주가 자가 사용 일부와 나머지 임대 사업할 건물을 신축한다고 가정해 보자. 당연히 환자용 침대가 들어갈 수 있는 엘리베이터를 설치해야 할 것이다. 클리닉을 유치하려고 건물을 신축하면서 클리닉을 유치하기 어려운 설계로 건물을 짓는 경우가 생각보다 많다. 건물주는 설계사에게 본인의 목적과 의도를 아주 정확하게 이야기해야 한다. 규모가 큰 건물이라 법적으로 클리닉이나 병원이 입주할 수도 있다면 관련한 시설을 모두 검토한 설계가 나와야 한다. 설계자들은 그림(설계도)을 잘 그리고 유능함에도 불구하고 의외로 사용자 입장에서 생각하지 않는다. 단순 디자인, 허가의 용이성만으로 설계를 하는 경우가 많아 주의해야 한다.

건물을 신축할 때 건물주는 본인이 설계사나 시공하는 건축 전문가가 아니라 하더라도 계속 체크하고 관리해야 한다. 규모가 큰 건물의 경우 법정 감리자 외에 건물주가 직접 선정한 본인의 감리(CM)를 두고 공사가 진행되는 동안 프로젝트 매니저로의 CM 담당자에게 일일이 보고받고 지시하며 공사를 이끌어 나가는 것이 좋다. 내 건물 완성도를 타인의 말에만 의지하고 믿으면 안 된다.

건물이 완공되고 사용 승인과 준공 검사를 받으면 보통은 공사 대금 잔금을 치르고 건물을 인수인계하게 된다. 이때도 외형만 보고 법적으로 준공이 났다고 잔금을 치르고 건물을 인도받으면 안 된다. 반드시 검수 절차가 필요하다. 건물 하자 리스트(펀치)를 만들고 건물의 하자가 모두 처리된 이후 인도 받아야 한다. 규모가 작은 건물은 육안 검사나 사진 자료가 대 부분일 수 있는 단순한 과정이지만 매우 중요한 과정이니 꼭 심각한 하자는 고치고 인도받기를 권한다.

　중소형 빌딩의 펀치 리스트는 대형 빌딩의 물리적 실사 보 다는 평이한 작업으로 생각해도 좋다. 건물 자산 관리나 시설 관리를 진행하는 회사는 대부분 하자 리스트를 제작할 수 있 다. 목적은 심각한 하자를 잡아 내는 것에 있으며, 육안 검사를 기본으로 층별, 시설별 사진 자료를 많이 남기는 과정이 된다. 이렇게 파악된 하자를 통해 공사비 잔금 처리 전 완성도 높은 건물을 인도받을 수 있다. 준공 전후, 정리된 펀치의 결과는 최 초 임대차 계약을 위한 중요한 근거 자료가 된다. 중소 빌딩의 펀치 리스트 작성 비용 절감과 건물의 안정적인 운영을 위해 1년 정도는 전문 관리업체에 의뢰해 최소 12개월 동안 건물 운영을 배울 기회로 만들면 더욱 효과적이다. 이 경우 관리 업 체는 물리실사(펀치 리스트 작성 등) 비용을 할인 및 무상으로 제 공할 수도 있다.

건물 하자 리스트 (펀치)

1. 중요 펀치 리스트
- 승강기, 주차 설비 (신규 기계 오작동 여부)
- 수도 및 광열 장치, 에어컨 등의 정상 작동 (연결 부위 누수 및 실외기 안전 부착 여부)
- 출입구 및 층별 도어, 층별 창문과 창틀의 정상 닫힘 확인
- 누수 여부 (확인 어려울 가능성 높음)
* 외부 실리콘 상태, 누수 테스트 장비를 활용한 확인이 가능함

2. 일반적인 하자 (큰 문제가 없으면, 약간의 리터치로 넘어갈 수 있음)
- 성능에 문제가 없는 스크래치
- 단순 도색 등으로 처리 가능한 손상
- 화장실 등 타일 접합 부위 및 금속 접합 부위 중 미관상 경미한 오차

3. 층별 사진 폴더 제작
- 임차인과 임대차 계약서상 원상복구 기준으로 계약서에 층별 모음 사진을 첨부해 향후 원상복구 수준을 결정하는 잣대로 활용함
- 임차인의 발주로 진행되는 인테리어 공사에서도 자재 반입이나 공사 시, 공용부에 대한 공사 전후 검수 과정을 통해 건물 공사 중 파손되는 사항을 미리 작성된 펀치로 막을 수 있음

4. 기타
- 건물의 규모와 안전성 부분에서 콘크리트와 골조에 대한 하자 점검 및 별도의 기계실, 발전기, 통신 시설 등이 있는 경우, 정상 작동 여부를 모두 확인할 필요가 있음

❷ 지역에서 랜드마크로 등장하기 위한 준비

아이덴티티, 건물의 정체성을 나타내는 것은 그야말로 화제의 건물로 자리매김하기 위한 것이지 매우 독특한 것으로 승부 본다는 뜻은 아니다. 건물주가 사옥 형태로 직접 사용하는 면적의 비율이 높은 경우 사용하는 주체가 영위하는 사업의 성격이나 업종에 따라 건물이 디자인이나 기능적인 면이 일반 임대 목적용 건물이 달라질 수도 있다. 하지만 너무 심하게 변형하거나 지나친 개성을 보인다면 상업성을 잃기도 한다. 따라서 상업성과 개성(건물주의 취향이나 직접 사용 목적의 표현)의 균형을 유지해야 한다. 둘 중 하나가 부족하면 건물은 재산으로서 가치(매매가, 건물 가격)를 보존받기 힘들며 임대하는 경우 공실 해소에 상당한 고민을 겪게 될 것이다.

우선 사옥 형태로 사용하는 건물이라면 사옥이 갖춰야 할 회사 업종에 따른 공간들을 건물 내 배치하되 매각 시 원상복구가 과하지 않도록 완충해서 계획을 잡아야 한다. 매각한다면 기존 업체가 사옥으로 쓴 공간들이 대부분 새로운 매수자가 사용하는 데 불편함을 느끼지 못할 범용성을 갖춘 디자인으로 설계하는 것이 좋다. 사옥을 마련했다는 기쁨으로 건물 디자인에 회사를 상징하는 로고나 글자가 자리 잡는 경우는 매각 시 가망 매수자에게 건물 가격 할인을 요구받는 빌미를 주게 된다. 범용성을 잃는다는 것은 상업성을 잃는 것과도 같다. 상업용 부동산은 거주하는 집이 아니라는 점을 명심하고 리모델링이나 신축을 하는 것이 중요하다.

개인이 투자용으로 구입한 건물의 경우도 마찬가지다. 특히 개인은 살면서 건물을 매입해서 리모델링이나 신축하는 기회가 자주 있는 일이 아닌 경우가 많아서 더 큰 실수를 하기도 한다. 본인이 소유한 부동산이 위치한 지역을 조사하고 리모델링이나 신축 계획을 세우기 전에 입주 가능한 임차인을 먼저 조사해 본다. 때로는 임차인을 찾아 놓고 공사를 시작하거나 해당 임차인이 공사를 진행하게 유도하고 공사비를 보조해 주는 방법도 생각할 수 있다. 이런 임차인을 사전에 찾지 못했다면, 지역 내 주요 경쟁 빌딩 내 입주자군을 조사해 1층과 같은 리테일을 사용하는 지역 주요 임차인군에 맞는 설계를 준비한다. 또 2층 이상이 클리닉 같은 고수익 가능한 임차인 유치가 가능한 것인지, 단지 사무실로 입주시킬 지역인지에 따라 설계 및 공사비 계획을 갖춰서 실행해야 공사 준공 후 장기 공실에 대한 손해를 막을 수 있다.

3 내 건물을 랜드마크로 변신시켜라

❶ 대형 건물만이 랜드마크가 되는 것은 아니다

'잠실' 하면, 롯데월드타워가 가장 먼저 떠오른다. 롯데월드타워는 대한민국에서 가장 큰 빌딩이자 555m에 달하는 아시아 2위 건물이다. 롯데 그룹의 사옥으로 사용되고 있으며, 일반 오피스 임대 공간, 고급 주거, 호텔, 공연장, 쇼핑몰, 백화점이 모두 들어 있는 대규모 복합 빌딩이다. 게다가 롯데월드라는 놀이공원까지 연결되어 있다. 서울의 랜드마크라고 해도 과언이 아닐 것이다. 이런 초대형 복합개발 빌딩만이 랜드마크라고 불리는 것일까? 자리매김은 크기로만 되는 것은 아니다.

'아, 그 건물!' 이런 이름값을 갖게 만드는 것이 포인트다. 심지어 변두리나 지방의 시골 어딘가에도 읍내에 농협 건물이나 롯데리아가 입주한 건물 또는 어떤 이름값을 가진 부동산이 존재한다. 벽이 핫핑크색이라 화제가 되기도 하고 너무나 유명한 셰프가 식당을 오픈했다든지, 유명인이 맛있게 먹었다는 맛집 식당이 1층에 있는 건물 등 다양한 이유로 동네에서 유명해진 건물들이 있다.

동네에서 유명한 건물이 되는 방법 중 가장 쉬운 방법은 좋은 임차인 즉 좋은 콘텐츠를 입주시키는 것이다. 당연히 좋은 임차인은 좋은 건물에 입주한다. 여기서 좋은 건물의 의미는 신축이고 예쁜 건물이 아니라, 그 입주사가 건물에 입주해 사용자로서 편리하고 그들의 사업에 이익과 혜택이 극대화되는 건물을 의미한다. 임차인에게 최적의 공간을 제공하는 건물 말이다.

그런 최적의 공간은 어떻게 만들어지는가? 가장 먼저 고민해야 하는 일은 멋진 설계자를 선정하는 것이다. 멋진 설계를 실현시켜 공사해 줄 시공업체 선택이다. 여기서 가장 중요한 것은 그 설계자에게 건물주의 꿈을 이야기할 수 있는 건물주의 능력이다. 자신의 건물 취향조차 모르는 건물주가 생각보다 많다. 자신의 취향을 모르는 건물주는 설계자에게 휘둘리게 되고 그 설계자가 유명한 사람이면 더욱 심해진다. 명심할 것이 있다. 건물주는 나다. 설계자는 건물주가 아니다. 설계자의 능력과 시공사의 능력을 내가 사는 것이지 내 돈으로 그들의 예술 작품을 만드는 것이 아니다. 자칫 잘못하면 준공 후에 건물이 건축 대상 같은 상을 받는 화제의 건물이 될지라도 상업성을 잃은 콘크리트 덩어리로 완성될 수도 있다. 상은 받았지만 상품성이 없는 빌딩들이 수두룩하다. 이런 실패를 막으려면 건물주도 공부를 많이 해야 한다. 취향 파악, 변별력 갖추기는 필수 학습 주제다.

디자인이 수려한 빌딩으로 만드는 것, 그러면서도 상업용 부동산이라는 가치를 더욱 돋보이게 만들 실용성과 상품성이 있어야 한다. 가끔 예쁘게만 건축하면서 임차인을 유치할 수 없는 난해한 건물을 짓기도 하는데 그런 건물들의 특징은 텅텅 비어 있다는 것이다. 부동산은 잘못 건축되면, 오랜 시간 동안 그 잘못됨을 간직한 채 낮은 가치로 취급받는다.

종종 기업이 사옥을 신축하는 계획을 나에게 상담하면, 사옥 이외의 공간을 임대하기 위한 마케팅 계획을 주문하고는 한다. 이때 나는 사옥이라는 아이덴티티(정체성)를 가진 건물이라고 하더라도 건물 하드웨어 자체에서 그 기업이 너무 심하게 연상되는 디자인으로 하지는 말라고 당부한다. 물론 삼성전자 같은 회사라면 상관없지만 보통은 건물을 영원히 소유하지는 않는다. 색깔(건물에도 사람처럼 인상이 있다)이 너무 강하면 나중에

팔지 못한다. 심지어는 보유하고 있는 동안에도 좋은 조건으로 임대료를 받지 못하기도 한다. 개성, 디자인, 상품성, 화제성 등이 잘 배합되어 설계가 이뤄져야 한다.

이때 하나 더 고려해 본다면 설계가 진행되기 직전에 빌딩이 들어설 자리 주변을 상권 조사해 볼 것을 권하고 싶다. 거창하게 컨설팅회사에 의뢰해서 리포트를 만들지는 않더라도 지역을 가볍게 산책하며 최근 신축되는 건물들의 디자인들이 어떤지, 나도 모르는 내 건축 취향을 찾아봐야 한다. 어떤 건물에 스타벅스가 입주해 있는지 어떤 건물이 장시간 텅텅 비어 있는지 등을 알아본다. 지나가는 길에 부동산 공인중개사라도 보이면 주저 없이 들어가 보라.

내가 신축하는 빌딩 인근의 부동산 공인중개사들은 큰 지지자가 되어 준다. 최근 지역 공인중개사들은 어떤 임차인들을 계약하고 있는지 물어보고 좋은 임차인을 얼마나 많이 관리하는 부동산업체인지 확인해 본다. 그들을 통해 지역의 흥하는 업종과 망하고 있는 업종을 들어볼 수 있을 것이다. 이런 여러 채널로 확보된 정보를 바탕으로 설계자와 다시 걸었던 골목길을 다시 걸어 보면서 내 이야기를 한다. 건물주로서 '이런 건물 디자인이 좋아요!', '1층에 이런 임차인을 입주시키고 싶어요' 이런 이야기를 나누라는 말이다. 이런 내 의견들이 반영된 설계는 결국 지역의 흥하는 임차인이 가장 좋아할 만한 디자인으로 그림이 나오기 때문에 공사 기간 중 임대차가 완료될 가능성이 높다.

공사장 공사 가림막을 그냥 그저 그런 공사장 천막 같은 것으로 막아 두지 마라. 먼지와 소음을 막는 용도로 몇 달이나 1년이 넘는 기간을 무의미한 천막으로 내 부동산을 가리지 말라는 의미다. 완공되면 이런 건물이 세상에 선보일 것이라는 기대감과 호기심을 위해 건물의 디자인과 특징을 나타내는 이미지를 붙여 보라. 그 이미지는 주변에서 영업 중인, 흥하는 업종을 운영하는 사업자나 회사들이 모두 보게 된다. 자연스럽게 이사하라는 유혹이 된다. 동네에서 가장 좋은 임차인, 가장 유명한 임차인을 품고 있는 건물은 다르게 불린다.

예를 들어 누군가 장소를 설명하거나 만날 장소를 정할 때, 불리는 이름값을 세상에 제공하는 건물은 비록 롯데월드타워나 경복궁 같은 강력하고 전국적인 지명도는 아니지만, 내 건물이 있는 동네에서는 이름값을 갖게 된다. 그 이름값으로 실제 부동산의 가치도 높아진다.

세종대학교 정문을 기준으로 왼쪽에는 똑같이 생긴 3개 신축 건물이 있다. 그중 2개 건물에는 독일에서 날아온 유명 카페인 '보난자커피'가 있다. 하루 종일 앉을 자리가 없을 정도로 장사가 잘된다. 한동안 임대가 안 되고 비어 있어서 지날 때마다 내가 혀를 차던 건물이다. 어느 날 공사를 시작하더니 보난 자커피가 입점하고 건물이 핫플레이스가 돼서 서울 시내에서 커피 좀 안다는 사람들은 전부 몰려온다. 임차인 입주 때문에 건물이 온통 SNS 세상에서 돌아다닌다. 이 작은 건물이 군자 동 랜드마크가 된 것이다.

약간 아쉬운 점은 미리 임대 마케팅을 해서 준공할 때 보난 자커피와 같이 오픈했으면 더 좋았을 것이다. (물론 건물주가 사 전에 보난자커피와 협의를 마치고 공실 상태로 기다려 줬다면 이야기는 다 르다) 성수동 블루보틀 본사 건물도 이와 유사한 이름값을 갖 게 되었다. 부동산은 전통적으로 위치 가치가 가장 중요하다고 한다. 그 말은 변함이 없지만 뒷골목 건물도 유명해질 수 있는, 위치 가치를 극복할 수 있는 세상이라는 것이다.

❷ 화제를 모으는 건물이 되는 법

유명한 건물이 되는 것은 여러 방법이 있지만, 중소형 빌딩 이 유명세를 타기는 쉽지 않다. 좋게는 SNS나 연예인과 관련 해 방송을 타든지 나쁘게는 저녁 9시 뉴스 사건, 사고 현장으 로 나오는 등의 방법 등이 있을 것이다. 좋은 이유로 사람들의 입에 오르내린다고 생각해 보라. 그런 화제성 높은 이슈를 가 진 건물과 건물 가치는 상관이 있을까? 화제가 되는 건물은 그 건물이 속한 골목길의 핫플레이스가 되는 것은 당연하고 지명도가 생긴다. 이는 차기, 차차기 가망 임차인군을 확보하는 것과도 같다. 따라서 기존 임차인을 대하는 임대인의 대항력이 강해지고 공실 이슈에 강력한 파워를 갖게 된다. 안정적인 임차인군을 확보한다는 것은 안정적인 상업용 부동산으로의 상품성을 담보하는 것이다. 이로써 건물을 매입할 사람이 있다면 담보대출이나 금리 조정에 있어서도 유리한 고지를 차지할 수 있다. 최근 건물을 매입하거나 신축하기 위해 은행과 상담해 본 사람이라면 우량 임차인 확보의 힘이 어떤지 더욱 실감할 것이다.

건물을 신축하거나 단순히 매입하려 은행을 찾아 대출 상담을 하다 보면, 은행에서 제일 먼저 물어보는 게 있다. 바로 임차인이 누군인지다. 신축인 경우에도 누가 사용할 예정인지를 물어본다. 대출 이자 및 원금 회수를 위해서 임차인이 얼마나 중요한지 은행이 확실히 인식하고 있는 것이다.

건물주가 직접 좋은 임차인을 확보하는 방법은 어떤 것이 있을까? 동네 공인중개사들에게 잘 부탁한다. 많은 공인중개사에게 내 건물에 임차인을 유치하라고 홍보한다. 모두 맞는 방법이지만, 사실 극히 일부만 맞는 말이다. 예전에 어떤 역삼동의 건물주가 이런 말을 했다. "너의 가족 입에 들어갈 쌀 살

돈을 남에게 의지하지 마라!"

세상이 변했다. "조물주 위 건물주" 같은 말이 있던 시절은 끝났다. 건물주는 좋은 공간을 세상에 내놓고 합당한 대가를 받아야 하는 공간 제공 서비스업을 운영하는 사업자로 마인드를 전환해야 한다. 이제 임대인도 좋은 임차인을 찾는 과정에서 적극적으로 나서야 하는 세상이 된 것이다. 너무 동네 공인중개사에만 의존하면 안 된다. 내 마음에 들도록 일하는 공인중개사를 찾기란 생각보다 힘들다.

만약 공인중개사에게 의뢰한다면, 복수의 여러 공인중개사에게 일반 중개로 의뢰하지 말고 기간, 수수료를 확정한 전속 계약을 체결해 해당 전속 공인중개사가 내 건물에 우량 임차인을 유치하기 위해 어떤 일상을 보내면서 영업하고 있는지 관리 감독을 해야 한다. 건물 규모에 따라서는 공사 완공 6개월이나 1년 전에 전속 공인중개사를 선임해도 좋다. 경쟁 건물이나 다른 지역의 우량 임차인이 현재 자신이 사용하는 건물에서 임대차 계약 기간을 연장하지 않거나 중도해지하고 내 건물로 이사 올 수 있도록 충분한 시간을 확보해야 한다.

우량 임차인 확보는 전쟁과도 같다. 한 골목에 스타벅스가 바로 옆 건물에 계속 들어가는 것이 아니기 때문이다. 물론 그런 골목도 있다. 테헤란로 같은 곳이다. 이런 업무 밀집 지역이 아니라면 동네 최고의 임차인을 내 건물에 유치하도록 노력해 보자. 스타벅스가 최고라는 뜻은 아니다. 하지만 동네에서 화제가 될 것이 분명한 임차인을 경쟁 건물이나 옆 건물로 입점되도록 놔두면 안 된다. 옆 건물과 내 건물이 같은 크기의 토지에 같은 디자인으로 지어진 건물일지라도 가치는 달라진다.

그만큼 건물은 많고 창업자나 좋은 사업자가 드물다. 건물마다 임차인들이 있지만 다들 돈을 벌고 건물주의 건물을 오랜 기간 사용하면서 주기적으로 임대료를 올릴 수 있는 것은 아니다. 내 건물을 더욱 어필해야 하고, 매력 포인트를 만들어서 좋은 임차인이 내 건물에 입주할 수밖에 없도록 준비해야 한다. 첫 번째 준비는 건물을 잘 지어 놓는 것이고 두 번째는 임차인이 사용하는 데 불편하거나 위험하지 않도록 관리하는 것이다. 마지막으로는 입주 서비스라고 할 수 있는, 건물의 고객인 임차인을 위한 서비스의 개발과 적용이다. 이런 삼박자가 맞아떨어진다면 건물의 수익률이 지속 오를 것이며 공실이 생길 이유가 없다.

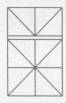
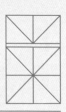

5장

자산 관리의 개념을 알아야
투자에 성공한다

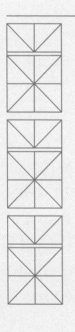
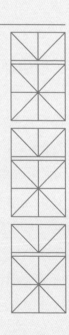

1 수익성만 생각하지 마라

　건물주라는 단어는 이제 단순히 건물을 소유한 사람만을 의미하는 것이 아니게 되었다. 공간을 제공하는 생산자의 개념이 생긴 것이다. 얼마나 좋은 공간을 제공하는지에 따라 바로 옆 건물이라고 할지라도 다른 가치를 갖게 되었다. 이에 따라 임차인의 입주 의지가 달라진다. 입주 의지가 달라진다는 것은 선호, 취향이라는 단어와 만나게 된다는 의미다. 선호, 취향이라는 단어 뒤에는 가치라는 것이 붙는다. 더 높은 임대료를 지불하겠다는 의지가 가치로 이어진다. 이런 가치는 결국 임대료에 반영된다. 내 건물이 속한 지역 내에서 다른 동급 건물이나 임대 공간으로 경쟁이 되는 빌딩 중 내 건물이 최우선으로 선택받기 위해 어떤 장점을 갖고 있어야 할까?

역지사지의 마음으로 내가 임차인이라면 내 건물에 입주하고 싶은지 생각해 보아야 한다. 내가 살고 있는 집의 변기 하나를 사더라도 고민하고, 심지어 일부러 해외로 가서 비행기에 싣고 올 정도로 취향이 고급진 건물주가 자신의 건물을 사용하는 임차인들은 '그냥 깨끗하면 됐지, 무슨 취향이고 디자인이냐'라는 이중적인 사고를 가지면 안 된다는 것이다.

요즘은 임차인들의 취향이 건물주의 취향보다 훨씬 확고한 편이다. 아주 강한 자신만의 취향을 갖고 있다. 특히 MZ세대가 사회에서 활동하며 사업도 많이 하는데 자신의 감성에 맞지 않는 건물은 아무리 저렴해도 절대 입주하지 않는다. 우스갯소리로 친한 건물주들에게 이야기한다. 이제 좋은 회사 직원들은 건물 화장실 비누가 쇠에 박혀 있는 것만 봐도 그 건물로 입주하지 말자고 난리 친다고 말이다. 고급 핸드워시를 쓰지 못할지언정 눈높이를 높여서 건물을 지어야 한다. 관리에 있어서도 눈높이를 상당 수준으로 올려야 좋은 임차인을 유치할 수 있다.

항상 머릿속에 떠올리자. 내 건물에 세입자로 있는 임차인의 감성 수준은 나보다 더 높다고. '이쯤이면 되겠지?'라는 생각으로는 건물을 만실시킬 수가 없다.

이제는 만실도 만실이지만 최고의 임대가를 받아야 하지 않겠는가? 경제 상황이나 부동산 임대 시장과 무관하게 언제든 비싸게 입주하고 싶은 건물로 유지하는 것이 필요하다. 결국은 수익성을 높이기 위한 것이지만, 그 수단은 입주 서비스라는 단어로 집결된다. 어떤 임차인이 건물이 제공하는 공간을 약정한 임대차 계약 기간 동안 만족스럽게 사용하는 것. 그런 만족으로 인해 임대료가 상승하더라도 재계약을 반복하며 계속 사용하고자 하는, 자발적인 것 같지만 인위적으로 만들어진 그 만족감이 바로 입주 서비스의 핵심이다.

내가 생각하는, 부동산을 바라보는 관점의 1순위는 안전, 2순위는 수익, 3순위는 입주 서비스다. 이 3가지가 맞물려 입주자의 만족도가 높아져야 한다.

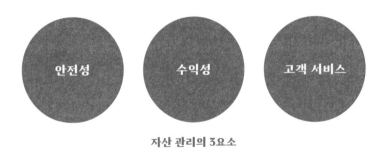

자산 관리의 3요소

❶ 안전에 대한 중요성

가장 우선하는 필수 입주 서비스는 안전이다. 건물주가 선호하지 않는 임차인군은 학생 대상 학원, 클리닉(병 의원), 종교단체 등이다. 업종 하나씩을 보면 모두 필요하고 중요한 업종이지만, 건물주 입장에서는 여러 이유로 선호하지 않는다. 불특정 다수가 사용하다 보니 공용부의 손상이 빠르게 나타나고 사고 발생 위험도 높다. 학원가 건물의 계단 난간, 승강기 내부의 벽, 화장실 등은 금방 망가진다는 뜻이다. 그들이 유별나게 건물을 함부로 쓰는 것이 아니라 여럿이 반복적으로 사용하기 때문이다. 복도 가운데 타일만 색이 탈색되거나 현관문 손잡이가 헐거워지는 등의 현상도 많은 사용이 가져오는 결과다.

부동산이라는 하드웨어는 자동차 같은 공산품처럼 내구연한을 갖고 있다. 세상에 준공이라는 이름으로 등장한 빌딩이 신축인 상태를 얼마나 잘 유지하느냐에 따라 수익률도 달라진다. 같은 조건의 동급 빌딩이 같은 시기에 준공돼서 손바뀜 없이 한 건물주에 의해 30년 소유된다고 가정해 보자. 어떤 건물은 30년 차가 되는 날까지 상당한 수준의 좋은 컨디션으로 유지되는데 다른 건물은 10년 차 리모델링을 할 수밖에 없고 30년 차에는 신축할 수밖에 없는 상태가 된다. 리모델링 비용, 신축 비용은 모두 수익률에 반영된다. 돈이 많이 들어간 빌딩은 높아진 임대료 탓에 임대 경쟁력을 잃는다. 매각할 때도 새로 반영된 높은 공사비 등으로 더 비싼 매매가를 형성하게 될 것이다.

이것은 상품성이 떨어진다는 의미다. 따라서 불특정 다수가 빠른 시간 내 건물을 망가지도록 할 수 있는 상황을 막는 동시에 임차인 입주 후에는 선제적으로 관리해야 한다. 만일 그런 임차인이 입주하는 경우 관리비에 차등을 두고 향후 원상복구에 대한 조항과 계약 작성 시, 근거를 상당한 수준으로 높게 작성해야 한다. 당연히 임대차 계약 후 입주 공사가 진행될 때도, 자재 반입 등 공사 시작 단계에도 건물이 상하지 않도록 제대로 관리해야 한다. 보통의 대형 건물들은 임차인과 임대인이 임대차 계약을 체결한 후, 입주 공사 진행 전에 인테리어 공사업체와 미팅하고 공사 가이드라인을 통해 자재 반입 시 주의, 공사 시 주의 사항, 건물 훼손 관련한 사전 협의와 계약 등을 진행한다.

이때 인테리어에 사용하는 자재 선택에 대한 가이드를 줄 수도 있다. 같은 디자인의 카펫이라도 어떤 카펫 회사에서는 복도 가운데 부분과 벽 쪽 부분의 카펫의 견고함이 다른 제품을 판매하기도 하는데, 이렇게 되면 장기간 사용 시에도 변색이나 카펫 모의 헤짐이 덜하다. 아주 작은 차이를 생각해 내고 적용하면 결국 상품성이 높아지기 때문에 결과물이 달라진다.

건물을 신축하거나 관리하다 보면, 사계절을 지내게 된다.

이때 계절별, 상황별 위험 요소들이 건물 안팎에서 발생한다. 건물주 입장에서 건물 안은 물론이고 건물이 자리 잡은 토지 내에서 발생하는 모든 일은 남 일이 아니다. 건물 규모가 커지면 자산 관리 회사, 시설 관리 회사를 별도로 선임하고 건물의 전반적인 관리를 맡기게 되는데 그중 가장 중요한 요소 중 하나가 안전 이슈다. 건물주가 24시간 쌍심지를 켜고 건물에서 발생하는 모든 일을 관리할 수는 없다. CCTV도 보조 수단이지 원인 해결이 되지는 못한다.

원천적으로는 이용자가 안전하게 이용할 수 있는 건물로 설계되고 시동되는 것이 가장 중요하다. 준공 후 사용이 시작되면 입주자가 사용하는 곳곳에서 위험 요소가 있는지 미리 검토하고 위험 요소가 있다면 대책을 세워 대비해야 한다. 또 입주자들을 교육하고 수시로 공지하면서 건물 내에서 사람이 다치지 않도록 관리해야 한다. 특히 장마나 폭설 등 계절적인 요인으로 외부의 위험이 건물로 이어지는 경우는 더욱 조심해서 위험을 차단해야 한다.

안전한 건물로 관리하기 위한 첫 번째 방법은 설계 단계에서 너무 미적인 부분만 강조하지 말아야 한다는 것이다. 미적인 요소와 안전 요소가 부딪히게 된다면 안전을 먼저 선택해야 한다. 눈이 내리는 계절에 눈이 쌓이도록 하는 구조로 만들지 말고, 쌓인 눈에 미끄러져서 다치지 않도록 차단한다. 골목길을 돌다 보면 그렇지 못한 위험한 건물이 상당히 많다.

언덕에 지어지는 건물이거나 구입했거나 노출형 계단이 설치된 건물을 짓거나 리모델링한다면, 눈비에 대비한 설계를 해야 한다. 도로나 계단 바닥에 열선을 설치해 눈비를 마르게 하는 장치를 활용하는 것을 권한다. 몇 년 전 경기도 안성의 고급 주택 분양을 의뢰받은 적이 있었는데 언덕 경사가 심해 겨울철 사고에 대한 대책을 질문한 적도 있었다.

대림동에 디자인이 수려한 신축 빌딩이 있다. 외벽 마감이 특이해서 괜한 걱정으로 외벽 기둥과 유리 접합부 방수 처리는 어떻게 했는지 궁금했다. 내부 바닥 중 수평이 아닌 층이 있는 건물이라 계단식 수평이 아닌 슬로프 마감을 한 층의 바닥 자재는 어떤지 확인하기 위해 직접 찾아갔다. 디자인이 예쁘고 새로운 시도를 한 것 등에 높은 점수를 주면서도 장마철에 저기에서 사람은 분명 미끄러지겠다는 생각으로 보강해야 할 점들이 마구 보였다.

태국 방콕이나 싱가포르에서의 멋진 추억을 내 건물에서 재현하려고 하지 말아야 한다. 방콕이나 싱가포르에는 눈이 올 일이 없다. 계단 난간, 루프탑 난간을 만들 때나 층층이 테라스를 만들면서 화단 방수나 외벽 방수 등이 힘든 구조로 자재를 선택하면 안 된다. 입주자들이 건물에 들어서서 나갈 때까지 이동할 수 있는 모든 동선에서 위험 요소를 차단하는 것이 중요하다. 건물 자체 시공 단계에서 그런 안전이 보장된 설계가 이뤄져야 한다

❷ 고객 서비스가 곧 상품성이다

입주 서비스를 포함해 입주자(입주사), 건물 이용자 모두가 건물을 사용함에 있어서 이익과 혜택을 누릴 수 있도록 연구하는 마음을 가져야 한다. 오피스 빌딩이라도 건물이 위치한 입지에 따라 임차사의 업종이 다르고, 업종에 따라 임차인 직원들의 연령대와 남녀 성비도 달라진다. 이런 데이터를 바탕으로 실제 내 건물에 임차인을 유치하기 용이한 설계로 건물을 신축해야 한다는 것을 앞서 여러 번 강조했다. 그렇게 지어진 건물 내 임차인들이 건물을 사용하는 데 편리함과 안전함은 기본이고 취향 저격을 해야 한다.

앞으로는 MZ세대가 건물 사용자의 주축을 이룰 것이다. 최근 임차사 대표들의 가장 큰 경영상 고민은 채용과 직원 관리다. 좋은 인력을 채용하고 보유하는 것은 기업 성공의 핵심이다. 좋은 직원을 채용하기 위해 지역이나 사무실을 이전하는

일은 이제 매우 흔한 일이다. 출퇴근 전후해서 회사가 위치한 지역에서 어떤 자시 성장의 기회와 즐길 거리를 찾을 수 있느냐, 점심을 맛있게 먹을 맛집이나 카페가 많은지가 중요하다. 교통은 당연히 중요하다. 뿐만 아니라, 9시부터 6시까지 긴 시간을 보내는 입주한 건물이 얼마나 쾌적하고 일의 능률이 오르게 만들어 주는가도 엄청난 중요한 요소다.

특히 중소형 빌딩은 대형 건물에 피해 지원 편의 시설, 어메니티 시설, 아케이드 공간 등이 부족하기 때문에 더욱 세심한 고민을 하지 않는다면 그저 그런 작은 동네 건물로 취급받게 될 것이다. 세심함으로 입주자가 기대하지도 않았을 입주 서비스를 만들어 준다. 이런 입주 서비스는 돈을 많이 들인다고 나오는 것이 아니다. 감성, 센스, 배려와 같은 단어들과 맞닿아 있다. 임차인의 젊은 직원들의 눈높이에 맞춰야 한다. 비록 건물주는 아니지만 임차사의 직원들은 건물주의 감성이나 센스보다 더 높다. 화장실의 물비누 하나, 화장실의 휴지, 핸드 드라이기 같은 것의 브랜드나 기능성 하나하나까지도 매우 유심히 보는 사람들이 많은 세상이다.

임차인이 뭘 그런 걸 따지나? 하는 마인드가 통하는 동네도 있기는 하다. 터프한 업종이 모여 있는 지역이나 공대생 출신들로 이뤄진 회사가 모여 있는 동네에서는 그런 게 통할 수도 있다. 그러나 보통의 오피스 지역이나 건물의 퀄리티가 높은 경쟁 빌딩들이 많은 지역에서는 그런 작은 부분이라고 생각하는 요소들 때문에 임대차 계약 여부가 결정이 되기도 한다. 임대차 계약은 사장이 좋다고 계약 성사가 되는 것이 아니다. 임차인의 직원들에게서 찬성 의견이 모아져야 사장도 움직인다. 사장 독단적으로 우리 회사는 어느 지역으로 이사한다고 한다면 경력자들의 퇴사가 이어질 것이다. 그런 것에 충성심을 이야기하는 시대는 지났다.

빌딩 입주 서비스를 이야기하면서 이 정도까지 고려해야 될까 하는 의문이 들 수도 있다. 요즘 유명한 카페나 핫플레이스가 되어 있는 건물을 방문해 보면, 화장실의 물비누가 이숍 제품인 경우도 있고, 핸드 드라이기가 다이슨 제품인 경우도 많다. 기능상 같은 다른 저가의 제품들이 있지만 이런 고가의 제품들을 사용하는 이유는 해당 공간을 운영하는 카페나 판매점, 빌딩이 자신들의 공간 퀄리티를 높였다고 믿고 유지하기 위해 노력하고 있다는 반증이기도 하다. 이런 공간 운영자(건물주 그 이상의 표현으로 이렇게 표현하고 싶다)의 노력을 이제는 알아봐 주는 공간 사용자들이 상당히 많이 늘어났다. 전반적으로 사회적 서비스 마인드가 높아진 것이다.

건물을 신축하거나 리모델링을 하는 수준 역시 높아지고 있기 때문에 잘 갖춰진 공간에 어울리는 소프트웨어 역시 뒤따라 올려야 한다는 것이다. 건물주의 입주 서비스의 소홀함은 결국은 임차인의 영업 실적을 떨어뜨린다. 이는 임대료를 제대로 내지 못하는 수준이 아니라, 건물의 이름값이 없어지는 것이다. 따라서 좋은 브랜딩이 되지 않는다.

2

중소 빌딩 자산 관리 주요 항목

부동산 자산 운영에 가장 중요한 것은 임대료 수입이다. 건물주 입장에서 임대 수입이 최우선인 것은 당연하다. 다만 이제는 수익 극대화를 위해 임차인을 위한 입주 서비스와 안전에 대한 조치도 매우 중요한 세상이 되었다. 빌딩 자산 관리를 위한 항목은 세부적으로는 500여 가지 이상이 있다. 그중 규모가 1천 평 전후 규모의 중소 빌딩의 자산 관리를 위한 주요 항목 30여 가지를 도출해서 자세히 설명해 보고자 한다. 다음은 자산 운용, 임대 관리, 건물 관리, 재무 관리, 보고서의 5가지 대분류 속에 각각 중분류와 소분류로 건물을 보유한 건물주가 항상 챙겨야 하는 관리 항목들이다.

대분류	중분류	소분류
자산 운영	운영 관리	빌딩 운영 지침 수립
		연간 운영 예산 수립
	임대 관리	시장 전략 및 임대 전략 수립
		임대 기준 수립 및 확정
	수입 관리	임대료/관리비 청구 및 징수
		주차/기타 수입 청구 및 징수, 미수금 및 연체 관리
	비용 관리	제세공과 과세 내역 확인 및 검토
		비용 타당성 및 검토
		비용 집행 지원
계약 관리	계약 관리	Leasing Marketing
		임대차 계약서 작성
		임대차 계약 체결 지원, 변경 계약, 계약 해지 업무 지원
		보증금 반환 지원
	입주 관리	입주 공사 확인
		원상복구 확인
	입주사 관리	입주사 면담 및 관계 유지
		불편 접수 및 해결
		입주사 공문 접수 및 공문 발송

중소 빌딩 자산 운용 주요항목표 1

대분류	중분류	소분류
자산 운영 계약 관리	시설 관리	정기/비정기적 검사 일정 수립
		시설 현황 자료 작성 및 업데이트
		시설물 교체 검토 지원
	공사 관리	연간 공사 계획 수립
		입찰 및 업체 선정 지원
		공사 하자 체크
	FM 업체	FM 업체 교육
		FM 업체 선정 작업 지원
		정기적 FM 업체 평가
	대관 업무	관할 구청 등 대관 업무
		면허 선/해임 업무
재무 관리	회계 처리	입출금 확인
		부동산 자산관리프로그램(REAP)의 운용 및 회계 처리
		Financial Report
	수익 분석	월간 실적 분석
보고서	Reporting	MR(Monthly Report) 작성
		AR(Annual Report) 작성

중소 빌딩 자산 운용 주요항목표 2

❶ 자산 운용

중소 빌딩에서 자산 운용이라고 표현한다면, 보통은 청소나 경비 등의 단어를 떠올릴 것이다. 작은 건물에서 나올 수 있는 임대료에 한계가 있고 지출할 수 있는 비용도 한계가 있다 보니 상주하는 관리소장을 채용하거나 인건비를 지불하는 것에도 한계가 있다. 어느 정도 임대료가 발생하는 건물이지만 건물주의 마인드 자체가 계단, 화장실 청소만 잘하고 공실만 없으면 된다고 생각하는 경우가 아직도 많다. 강남구 역삼동 같은 꼬마 빌딩 천지의 동네에서도 아직까지 이런 사고는 흔하다. 빌딩을 소유하고 운영한다는 것은 이제 단순히 월세를 받는 부동산이라는 개념을 넘어서 그 자체가 사업이다. 나는 '공간 비지니스' 사업이라고 표현하는데 말 그대로 사업이다.

모든 사업에는 사업 계획이 있어야 한다. 빌딩 임대사업도 마찬가지다. 사업 계획이 필요하다. 빌딩을 소유함으로 인해 해야 할 일들을 정리한 빌딩 운영지침을 수립해야 한다. 1월에는 어떤 일을 해야 하는지, 동결기에 건물을 소유자가 해야 할 일, 장마철이 오기 전에 건물이 준비해야 하는 일들, 정화조는 언제 청소해야 하는지, 승강기가 있다면 언제 안전 검사를 받아야 하는지, 주차설비 관리에 관한 유지 및 보수 계획 등 건물의 하드웨어가 원활하게 돌아가고 사용자들이 불편 없이 건물을 사용할 모든 계획이 망라된 빌딩 운영 지침을 수립해야 한다는 것이다.

만약 건물이 신축이거나 매매를 통해 건물을 인수했다면, 내가 소유자가 된 시점부터 계획을 세운다. 규모가 있는 건물이고 위탁업체를 통해 관리소장이 파견되어 관리되고 있던 건물을 매입했다면 건물 매입 전에 이런 관리 기록이 남아있는지 확인하는 것은 필수다. 이는 미래에 발생할 리스크를 미리 준비하고 막을 수 있는 중요한 자료가 된다.

연간 빌딩 운영 지침에는 임대 관리, 수입 관리, 비용 관리 항목이 포함되어야 한다. 층별로 어떤 임차인이 몇 평을 얼마에 사용 중인지에 대한 기록이다. 대형 건물은 이런 내용이 기록된 입주사 장표를 갖고 있는데, 이를 렌트롤(Rent-roll)이라고 한다. 렌트롤을 구성하는 주요 항목은 쉽게 임대차 계약서를 간단히 몇 줄로 요약한 내용이라고도 볼 수 있다. 입주사의 사용면적, 임대 기간, 임대료(보증금, 임대료, 관리비) 등이 표시되고 계약서 조건상 입주 시에 받은 입주 혜택이나 계약 중도해지 조건 등이 표시된다.

렌트롤 주요 구성 항목

❋ 계약 조건 (층, 면적 등 계약서상 기재된 공간)

▶ 임차인과 임대인과의 계약 기간

▶ 임대료 조건 (인상 조건)

▶ 관리비 조건 (인상 조건)

▶ 중도해지 조건

▶ 입주 시, 제공받은 입주 혜택(임대료 할인, 공사비 지원 또는 공사 기간 임대료 면제 등)

▶ 각종 특약

핵심은 계약 기간, 인상 조건이다.

특히 연간 빌딩 운영 지침에는 연간 수입인 임대료와 관리비 수입에서 얼마를 지출해서 순이익을 남길지에 대한 수익률 관리가 중요하다. 그러기 위해서는 월별로 지출되는 비용 대비 관리가 필요하기 때문에 매년 예산을 수립하는 것이 중요하다. 렌트롤에는 만료될 임대차 계약의 연장과 만료 또는 해지가 가능한 조건들이 들어 있기 마련인데 새로운 임차인으로 교체되는 과정에서 임대료 손실이 나지 않도록 해야 한다. 기존 임차인과 새로운 임차인이 교체되는 과정에서 원상복구 관리, 입주 공사 관리 등을 일 단위로 세분화해서 손실이 발생하지 않도록 한다.

빌딩 운영 지침의 3가지 핵심인 임대 관리(임대차 관리)는 크게 2가지로 설명할 수 있다.

▶ 시장 전략 및 임대 전략 수립
▶ 임대 기준 수립 및 확정

적정 임대가를 조사해 항상 시장에 상품성 있는 공간으로 가격을 결정해야 한다. 임차인 시장인지 임대인 시장인지, 주변 공실률 추이는 어떤지, 주변에 경쟁 건물이 준공되는 시점이 내 건물 임차인의 임대차 계약 기간 만료와 앞뒤로 몇 달 사이를 두고 있는지 등 내 건물 주변에서 일어나는 현황에 대해서 지속적으로 주시하고 정보 수집 및 시장 환경에 대응해야 한다.

거시적으로 전반적인 경제 상황이 호경기인지 불경기인지에 따라 임차인에게 어떤 대응을 해야 되는지 결정해야 하는 것이다. 특히 신축 건물인 경우나 리모델링 중인 경우에는 해당 공사가 완공되기 2~3개월 전에는 주요 층을 사용할 임차인이 결정되는 것이 좋다. 좋은 임차인이나 큰 면적을 사용하는 임차인은 내 건물이 마음에 들어서 이사를 하려는 경우라면, 현재 가망 임차인이 사용하고 있는 건물에서 이사를 나와야 한다. 이때 중도해지를 해야 할 수도 있기 때문에 충분한 시간적 여유를 갖고 미리미리 임대 마케팅을 실행할 필요가 있다. 만약 건물 규모가 2~3천 평에 이르는 중형 건물이라면 임대대행업체를 전속으로 지정해서 마케팅이 일관되고 지속적으로 이뤄지도록 조치하는 것이 현명한 방법이다.

전속 대행사를 선정하는 것은 하나의 부동산에만 업무를 맡김으로 인해 다양한 기회를 잃는 것이 아니다. 전담하며 책임지고 업무를 진행할 컨설팅업체나 중개법인을 선정한다는 것에 방점을 둬야 한다. 단, 내 건물 임대 마케팅이 성공적으로 진행되기 위한 마케팅 방법을 제출하게 하고 그 계획대로 진행되지 않는다면 전속 대행업체 자체와의 계약 해지도 감안해 선정해야 한다. 전속 임대 마케팅 대행사 계약서에 건물주의 요구 사항을 답변 없이 이행하지 않을 시에는 언제든 해지할 수 있는 조항을 넣는다.

수입 관리 부분은 건물이라는 사업체를 유지 운영하는 데 있어서 실질적으로 가장 중요한 항목이다. 임대료와 관리비를 매월 청구하고 징수하며 미납 발생 시, 건물이 만든 미납 처리 프로세스에 따라 징수해야 한다. 임차인들 중에는 월 임대료 10배 이상의 보증금을 함께 납부한 상태이기 때문에 간혹 임대료 미납에 대해 가볍게 생각하는 경우가 흔하다. 건물주 역시 한두 달의 미납은 임차인 사정에 따라 묵시적으로 용인하는 경우가 있으나 자칫 잘못된 미납 관리는 상당한 보증금 잠식으로 이어진다. 이는 곧 해당 임차인이 이사할 비용조차 부족해 이사를 못 나가게 된다. 리테일 업종을 운영하는 1층 매장은 권리금 등을 받아 나가기 위해 임대료는 미납한 상태로 부실한 영업을 이어 나가는 경우도 발생한다. 임대인 입장에서는 명도에 상당한 어려움을 겪기도 한다. 따라서 미납이 발생한다면 단 한 달이라도 가볍게 생각하지 말고 강하게 대처해야 한다.

특히 많은 시설과 권리금이 잡혀 있는 1층 리테일에 대해서는 사전에 제소전화해 등 안전 장치를 이중 삼중으로 해서 임대인의 충분한 권리도 보호해야 한다. 기타 주차료나 관리비에서 추가 사용분에 대한 정산도 월 단위로 정산해 약정된 관리비에 합산 청구해야 한다.

마지막으로 비용 관리 부분이다. 건물은 사업체로서 각종 제세 공과가 발생하고 종류도 매우 다양하다. 1년 이상 건물을 운영하다 보면, 매월 발생하는 공과금이나 국가에서 보내는 청구에 대해 수납한 내역 관리만 잘 정리해도 연말에 그다음 해의 비용을 가늠해 볼 수가 있어 편리하다. 특히 관리비에서 건물을 유지·보수하는 데 필요한 비용을 정확히 계산해 집행 함으로써 건물의 하드웨어가 항상 준공 상태 수준으로 유지될 수 있도록 관리하여야 한다. 비용 관리가 잘 되지 않는다면, 임대 수익에 차질을 빚을 수 있다. 건물주의 돈으로 노후화된 건물의 설비나 공용부를 수리해야 하는 돌발적인 비용 지출이 이어지게 된다. 겉으로 수익이 발생하는 것처럼 보이는 건물이 실제로는 상당히 적은 수익률로 운용되는 악순환이 시작된다.

❷ 계약 관리

계약 관리에서는 신규 임대차 계약서 작성이 핵심이다. 계약서 문구를 작성하며 임대인과 임차인의 분쟁이 생길 만한 내용을 계약 조항에 넣는다. 계약이 시작되는 시점부터 종료되는 시점까지 임대인과 임차인이 분쟁 없이 정해진 기간에 건물을 잘 사용하고 사이좋게 헤어지기 위함이다.

최근 강남권의 중소 빌딩들은 건물 규모가 연면적 2~500평 정도의 작은 건물일지라도 매매가격이 높은 편이고 수백 억대 이상은 흔히 볼 수 있다. 과거처럼 공인중개사 사무실에서 사용하는 간단한 계약서로는 임대인, 임차인의 권리와 안전을 보호하기는 힘들다. 중대형 건물들은 대부분 해당 건물만의 계약서를 별도로 갖고 있는 경우가 많은데 임대인 입장에서는 내 건물의 특성과 계약 관리 차원에서 건물주의 의견이 반영되고 변호사 감수를 마친 내 건물만의 계약서를 만들어 활용하는 것이 좋다.

당연히 계약서 내용 중 임대료 미납, 중도해지, 명도 소송 대비, 입주 공사와 원상복구 공사, 계약 종료 시 보증금 반환 조항, 권리금에 대한 내용, 전대차관련 규정 등이 구체적으로 작성되어야 한다. 계약서 내용 중 중소 빌딩에서 흔하게 분쟁의 씨앗이 되는 입주 공사와 원상복구 공사에 대해서 이야기해 보겠다.

중소 빌딩 계약서를 읽다 보면, 원상복구한다는 조항은 대부분 적혀 있지만 입주 공사 이야기는 거의 적혀 있지 않다. 중대형 건물은 우리나라가 IMF 경제 위기를 겪고 외국 자본이 많이 들어올 때, 같이 들어온 외국계 자산 관리 회사들의 전문 자산 관리 시스템의 영향으로 건물의 자산 관리를 담당하는 자산 관리 담당자에 의해 철저히 관리되기 시작했고 원상복구도 마찬가지다.

중대형 건물은 신규 임차인과 임대차 계약을 체결한 이후, 새로운 임차인에게 건물주의 대리인인 자산 관리 담당자가 건물의 관리 규정을 고지하고 관리사무소와 별도 관리계약을 체결한다. 이때, 잔금을 치르고 나서 입주를 위한 인테리어 공사를 시작하기 전에 인테리어 공사 가이드라인에 따라 진행하도록 하고 있다. 공사 자재는 언제, 어디로 반입해야 하는지, 승강기는 어떤 승강기를 사용해야 하는지, 자재 반입용 승강기와 자재를 반입하는 공용공간 이동 경로는 어떻게 보양해서 자재 반입으로 인해 건물이 상하는 것을 막을 것인지, 소음이나 다른 층 임차인을 위해 업무 시간에는 소음과 진동이 있는 공사를 금지한다든지 등 중대형 건물은 상당히 구체적이고 강력한 공사 규정이 정해져 있다. 정도의 차이는 있겠지만 건물주 입장에서 아무리 내 건물이 작아도 소중하지 않은가?

특히 신축 건물은 대부분 한 번도 사용하지 않은 건물임에도 이 계약서를 잘못 써서 애매한 상황이 연출된다. 첫 임차인이 새 건물을 손상시키는데, 승강기나 주 출입구 보양이 잘못돼서 자재를 반입하다가 승강기 안쪽 스테인리스에 흠집이 나거나 승강기 천장부가 찢어진다. 문제는 언제 누가 손상을 입혔는지 잘잘못을 따지는 것 자체가 엄청난 스트레스를 가져다준다는 점이다. 그보다 더 중요한 것은 몇 년간 같이 봐야 하는 임차인과 입주도 하기 전에 사이가 나빠진다.

거창한 계약서는 아니더라도 몇 글자 중요한 문구를 넣도록 한다. 이때 단순히 "계약 종료 시에는 원상복구하기로 한다."라고는 쓰지 말아야 한다. "계약 종료 시, 별첨 1과 같이 원상복구 하기로 한다." 또는 "계약 종료 시, 계약 시 인도 당시의 상태로 원상복구하며 원상복구 후, 검수가 완료된 이후에 보증금을 반환하기로 한다." 등 원상복구의 기준을 잡아 두고 근거를 남기는 것이 좋다.

거창한 내용이 아니더라도 건물을 임차인이 인테리어 공사를 진행하기 전, 인도할 때 당시 사진이나 영상을 촬영하고 임차인이 사용할 공간의 사진들을 컬러 출력해 계약서에 별첨한다. 이 별첨이 첨부된 계약서에 양측이 날인하게 되므로 계약 종료 후에도 이 사진을 기준으로 원상복구를 진행할 수 있다. 몇 년을 사용하고 이사 나가는 임차인 입장에서는 "이만하면 깨끗하게 쓰지 않았냐?"라고 주장할 수 있으나 실제로 '사용감'

이라는 것은 아무리 깨끗하다고 하더라도 새로운 임차인이 좋다고 감수할 청결도나 상태는 아니다.

불분명한 원상복구 규정은 결국 나가는 임차인과 건물주와의 분쟁으로 이어진다. 보증금을 돌려주지 못하는 상황이 발생하면서 보증금 반환 소송 같은 법적인 문제로 번지기 쉽다.

대형 건물들은 이런 기준에 맞춰 계약서를 작성하지만, 임차인이 진행한 원상복구에 대한 검수 절차가 철저하다. 각종 계측 장비로 바닥 균형을 맞췄는지, 천장재 컬러가 맞는지, 벽의 페인트 전체 도색 등 꼼꼼한 원상복구가 진행된다. 이런 진행되는 원상복구 기간 자체가 임대료가 기산되는 임대차 계약 기간 안에 행해진다. 새로운 임차인 이사를 들어오는 날과 기존 임차인이 이사를 나가고 난 후, 원상복구 완료 시점까지 하루도 임대료 손실이 나지 않도록 빌딩 자산 관리를 하는 것이다. 임차인은 무조건 약자고 건물주는 강자라는 사회 통념은 맞지 않다. 누구의 잘못이고 욕심인지 이런 이슈 자체를 피해 '계약대로 이행'하자는 취지로 임차인과 임대인을 모두 보호해야 한다. 애초에 분쟁의 불씨 자체를 만들지 말자는 것이다.

마지막으로 큰 개념에서 계약 관리라고 할 수 있는 입주사 관리가 있다. 계약이라는 것은 항상 '신의성실의 원칙'으로 지킨다는 항목이 적혀 있기 마련이다. 신의성실이라는 말은 상당히 포괄적이다. 내 건물을 사용하는 임차인이 내가 제공한 상품(사무실, 업무공간, 영업공간 등)을 사용하는데 사용하는 마지막 날(계약 종료일)까지 불편함 없이 사용하도록 마음을 써야 한다. 불편한 점은 없는지 수시로 체크하고 규모가 크지 않은 건물이라도 언제든지 불편함을 신고하고 개선점을 건의할 창구를 만들어서 활용하는 것이 좋다.

대형 건물들은 건물 자체가 민원 접수 및 각종 이슈를 제기할 수 있는 홈페이지나 스마트폰 앱 등을 마련해 입주사들의 민원을 즉각 처리하고 있다.

강남파이낸스(GFC), IFC, SFC 등 대형 건물들은 입주사들의 불편함을 민원 처리에 그치지 않는다. 그에 앞서 선제적으로 입주 서비스를 높이기 위해 다양한 벤치마킹을 한다. 경쟁 건물의 우수 사례, 해외 우수 사례 등을 새롭게 도입해 입주사들에게 해당 건물을 사용에 프라이드까지도 준다.

❸ 건물 관리

앞서 설명한 자산 운용, 계약 관리가 소프트웨어라면 하드웨어의 성능 유지와 개선이라는 부분에 있어서 건물 관리는 임차인이 실질적으로 체감할 수 있기 때문에 매우 중요한 부분이다. 임차인에게 직접적 서비스로 전달된다. 건물 관리 부분은 크게 4가지로 시설 관리, 공사 관리, FM 업체, 대관 업무가 있다.

앞서 빌딩을 소유한다는 것은 곧 임대차 비즈니스이며 그 자체가 사업체라고 여러 번 반복했다. 모든 사업은 의무 사항이 많다. 정기적인 검사도 많고 수시로 고치고 처리해야 할 시설 문제나 민원 처리, 대관 업무(관청과 연관된 업무 처리) 등을 연간, 월간 처리해야 한다. 무작정 업무를 처리하는 것은 중복 비용 투자나 이중 삼중으로 고친 곳을 또 고치는 일들이 발생한다. 따라서 과거 히스토리를 바탕으로 건물의 연간 관리 계획, 공사 관리 계획 등을 세우고 진행하는 것이 좋다.

만약 신축 건물이라면 이런 히스토리가 없기 때문에 더욱 신중히 준공 전에 빌딩 운영 계획을 수립해서 월별로 집행하는 것이 좋다. 건물이 500~1천 평 정도의 규모가 된다면 그보다 작더라도 임대료 관리업체 비용을 감당할 수 있는지 파악해야 한다. 1~2년 후에 건물주가 직접 건물 관리를 할 계획이라고 하더라도 최소 준공 후, 시공업체로부터 건물을 인수해서 1바퀴(1년) 기간이 도는 동안은 전문업체에 위탁 관리를 시키는 것을 제안한다. 건물도 새로 산 자동차처럼 길들여야 한다.

하자가 많이 발생할 리스크를 갖고 있는데 그 리스크를 사전에 체크해서 건물이 운영되는 동안 최소한의 리스크만 발생하도록 막아야 한다.

건물을 신축하거나 매입을 통해서 인수하는 경우, 아무리 신축이라고 해도 하자를 체크하고 인수하는 것이 좋다. 2~3천만 원짜리 중고차를 매입한다고 하더라도 시운전을 다 해 볼 것이다. 의외로 50억, 100억짜리 부동산을 매입하면서 건물을 시운전(?)해 보는 사람은 드물다. 물론 건물을 시운전한다는 의미는 상당히 복잡하다. 신축의 경우도 마찬가지이지만 부동산을 거래할 때는 물리적 실사를 한다. 그 결과에 따라 하자 리스트를 만들고 매매가나 향후 발생할 문제점에 대해서 매도자와 협상해야 한다. 대형 건물들은 물리실사를 전문적으로 하는 자산 관리 회사나 시설 관리 회사에 의뢰해 앞으로 발생할 리스크를 다 뽑아낸다.

규모가 작은 건물도 이런 절차가 필요하다. 한순간 잘못 생각해서 겉모양이 멀쩡하고 연식이 얼마 되지 않은 건물이라고 덜컥 계약하면 안 된다. 쉽게 잔금을 치르고 명의를 넘겨받으면 그날로 그 건물의 모든 문제는 내 것이 된다.

신축 빌딩도 마찬가지다. 새 건물은 작은 하자가 엄청나게

많이 발생한다. 여건상 건물이 작은데 비용을 들여서 물리실사를 받는다는 것이 쉽지 않을 것이다. 그러나 중소 빌딩은 육안 검사만으로도 하자가 체크되는 경우가 많기 때문에 생각보다 비용이 높지 않다. 몇백만 원을 아끼기 위해 수천만 원을 쓰게 되는 리스크를 막아야 한다. 부동산을 거래하는 데 있어서 하자를 체크해 보는 물리실사와 가격을 검증하는 감정 평가는 어떤 측면에서는 보험과도 같다. 사고가 나지 않으면 괜한 돈을 들인 것이라 생각할 수도 있지만, 만에 하나 때문에 보험을 드는 것이다.

대신 비용 절감이나 효율적인 제안은 시설 관리 업체를 선정해도 좋다. 해당 업체에 추가 비용을 주고 인수해서 관리할 회사가 하자 리스트를 만들게 하는 방법이 있다. 해당 시설 관리 업체는 원활한 업무 인수를 위해서 성의껏 하자를 체크할 것이며 신축 빌딩인 경우에는 하자 리스트를 포함한 펀치 리스트(신축 건물의 준공 하자를 체크하는 체크 리스트)도 만들어 줄 것이다. 중소 빌딩의 펀치 리스트는 상당 부분이 사진이다.

특히 신축 건물의 펀치(펀치 리스트)를 만드는 과정에서 촬영된 사진들은 첫 임차인이 층별로 계약을 할 때 각 계약서의 향후 원상복구 근거가 되는 자료가 되기도 한다. 새로 건물을 짓는 건물주는 관청의 사용 허가가 나고 건물이 준공되어 기쁜 마음에 잔금을 치르고 건물을 인수하게 되는데, 하자가 처리되지 않은 상태에서 인수인계가 끝나면 준공 이후 발생하는 하자를 바로 처리하기가 힘들어진다. 하자 처리를 위한 보험도 법적으로 있기 때문에 걱정하지 않아도 된다는 시공사를 믿지 마라! 시공사가 거짓말한다는 뜻이 아니라, 다른 현장 일로 늘 바쁜 시공사는 공사 현장을 떠난 후 내 건물 하자를 처리하기 위해 바로 와 주지 못할 수 있다.

500평짜리 건물의 펀치(하자) 리스트를 만들면, 하자가 수백 건에 이를 것이다. 이 수백 건의 리스트를 시공사에게 공사 잔금을 입금하기 전에 처리해야 한다. 하자 리스트 수백 건을 건물주, 시공사, 건물주의 대리인들(설계자, 시설 관리 업체, 자산 관리자 등)이 모여서 경미한 하자는 제외하고 중요한 부분을 남기는 미팅을 하다 보면, 수백 건의 하자는 수십 건으로 줄어들 것이다. 펀치 리스트를 만들다 보면 창문 유격이 약간 안 맞거나 화장실 변기 뒤 곡면을 감싸는 타일의 회전각이 날카롭다 같은 이런 건물 안전이나 미관상 문제가 없는 것들도 모두 체크하기 마련이다. 경미한 부분은 하자 체크 리스트에서 통 크게(?) 넘어가도 된다.

하자 리스트 내역 중 승강기 문이 잘 안 닫히거나 혹은 떨리거나, 주차 설비 오류가 계속 나거나, 공용부 로비 현관문이 한 번에 안 감기거나 물이 새거나 이런 것 등 안전이나 미관상 심각한 내용들은 모두 고치게 해야 한다.

대부분의 건물주는 소프트하다. 공사 현장에서 잔뼈가 굵은 시공사 소장님, 사장님들의 카리스마(?)나 거친 말투에 주눅이 들기 십상이고 설득도 당한다. 시공사는 매일 건물주를 상대하고 건물주는 시공사를 평생에 몇 번 상대하는 것이다. 건물주도 대리전을 하길 권한다. 내가 직접 센 선수를 골라서 말이다.

다음 단계는 건물주 또는 건물주가 지정한 자산 관리자가 평상시 건물주를 대신해서 어떻게 시설 관리 소장님을 통해 건물을 관리할 것인지, 미화, 경비, 보안, 시설(엔지니어)은 어떻게 업무를 가르치고 입주자에게 불편 없이 건물을 운영할지다. 중소 빌딩의 경우, 관리소장 상주 없이 비상주일 수도 있다. 소장 유무를 떠나 청소를 담당하는 미화 부분 관리 감독, 경비의 업무 범위, 주차 관리는 어떻게 할지, 기계 주차장인 경우 상주하는 인력이 필요하다면 경비 업무를 겸해서 일해야 할지를 고민한다. 또 보안 인력을 따로 둘 수 없다면 주간 경비 및 주차 인력이 경비를 겸하게 되는데 이 경우에 야간 보안 및 경비는 어떻게 선정하고 어떤 업무 범위를 줄 것인지 등 정말 첩첩산중으로 고민이 생긴다.

건물주는 절대 갑이 아니다. 계약서에 갑과 을로 나뉘어 있는 것만으로 갑이라고 만족할 뿐이다. 실제로는 서비스 제공자다. 공간 서비스 제공자. 이런 마음을 갖고 건물을 사거나 신축하기를 바란다. 건물 관리 부분의 마지막 포인트는 대관 업무다. 건물 규모가 작다면 관청을 대하는 부분이 많지는 않을 것이다. 가끔 임차인이 교체되면서 용도 변경이 있거나 부득이하게 불법 건축물 이슈가 생기거나 주변 건물 공사나 도로 공사 등 매우 다양한 민원 소지의 일들이 발생한다. 건물주를 대신한 자산 관리자가 있는 경우 자산 관리자가 관청이나 임차인 기타 민원을 처리하고 건물주에게 보고해야 한다. 보통 이런 업무에 비용이 발생하는 만큼 건물주 역시 발생할 수 있는 관청과의 업무 내용은 인지할 수 있어야 한다. 그야말로 건물주가 된다는 것은 거의 부동산 자산 관리를 전공하는 대학원생 못지않게 공부하는 삶을 시작하는 것이다.

❹ 재무 관리

재무 관리라고 표현하니 꽤히 거창하게 느껴질 수 있다. 말했듯 부동산을 소유하는 것은 회사를 운영하는 것과 같은 의미다. 돈 관리는 당연히 중요하다. 어쩌면 핵심이다. 단순히 월 임대료에만 국한된 이야기는 아니지만, 기본이 입출금 관리인 것은 맞다. 부동산을 소유하는 이유가 자가 사용이 목적이라고 하더라도 돈의 흐름은 있다. 특히 부동산과 관련된 입출금에는 유지 보수, 각종 유지를 위한 세금, 향후 발생할 매매 등으로 생길 양도소득세 등의 이슈를 대비하기 위한 비용의 올바른 정리와 현명한 유지보수 비용 집행 등이 다 맞물려 있다.

건물의 규모에 따라 외부 경리를 둘 수도 있고 직원으로 채용한 회계 경리를 둘 수도 있다. 규모가 큰 대형 건물은 전문 자산 관리팀을 구성해 상주하면서 관리하는데 이 경우 입출금을 담당하고 자금과 관련한 모든 업무를 처리하는 회계 담당을 두기도 한다(특수한 회계 프로그램을 사용하거나 필요한 경우 전문 회계 프로그램을 사용할 수 있는 전문가가 필요하기도 하다). 그럼 중소 빌딩에서 많이 발생하는 재무 관리 분야에서는 앞서 언급한 입출금 관리 부분을 이야기해 보자.

건물을 사용하는 각 임차인(임차사)은 임대차 계약서상에서 건물주와 약정한 임대료, 관리비를 정해진 날에 납부해야 한다. 임대료는 오히려 단순하지만 관리비는 임차인마다 기본 관리비에 추가로 변동되는 항목들이 매달 달라지는 경우가 많다. 따라서 계산에 착오가 나타나면 손해가 발생할 수도 있기 때문에 더 깊은 주의가 필요하다. 매월 관리비를 청구하기 전에 모든 항목을 잘 정산해서 청구서를 보내고 정해진 날 입금을 확인해야 한다.

임대료와 관리비 입금에 있어서 가장 중요한 것은 미납 발생 시에 미납을 관리하는 방법이다. 그냥 독촉하는 형태가 아니라 미납 프로세스를 갖추고 있는 것이 좋다. 가급적 임대차 계약서상의 임관리비 작성 조항 안에 미납 시 어떤 프로세스로 진행되는지 미리 고지하는 것이 좋다.

- ▸ 무작정 독촉하지 않는다.
- ▸ 미납 시, 미납 확인 후 입금된 시기까지의 연체금 청구와 관리도 중요하다.

규모가 작은 건물 내 임차인 중에서는 보증금을 잠식하면서 임대료를 몇 달 연체해도 괜찮을 것으로 생각하는 경우가 있다. 보통은 보증금에 대한 이자도 임대료에 합산하는 것이 맞기 때문에 이는 잘못된 생각이다. 특히 은행 예금 금리가 높아지는 시기에는 더욱 중요한 것이 보증금에서 연체 임대료를 대신한다는 임차인의 잘못된 사고방식이다.

계약서상 적힌 돈거래는 목숨처럼 생각해야 한다. 손목에 롤렉스 고가버전 시계를 차고 있고 주차장에 벤츠를 주차하면서 연체를 하는 임차인을 만난다면 바로 명도 프로세스를 진행하라고 권한다. 이런 표현이 박하다고 생각하거나 인정머리가 없다고 생각할 수도 있다. 현실은 전혀 그렇지 않다. 은행 이자를 몇 달 밀려 봤거나 사채를 사용해 봤다면 알 것이다. 아주 가혹하다. 건물주라서 이런 인정머리 없게 느껴지는 행위는 하면 안 된다? 그건 아니라는 것이다. 건물주는 건물을 사서 임대 사업을 하는 사람이지 사회적 강자가 아니다. 또 임차인이 무 조건 사회적 약자도 아니다. 그냥 계약 관계일 뿐이다. 계약은 위반하는 사람이 책임져야 한다.

　놓친 비행기를 세우려는 사고방식은 아무도 갖지 못하는데 연체는 그보다 더 심각한 일이다. 건물주로서 절대 허용치를 두면 안 된다. 계약서상에는 보통 2개월 임대료 연체 시 건물 주가 계약을 해지할 수 있는 조항으로 작성한다. 개인의 경우 는 2개월 정도의 연체라면 보증금이 충분히 살아 있기 때문에 임차인 입장을 고려해 연체를 묵인해 주기도 한다. 그런데 경 험상 2개월의 연체는 습관이 된다.

　연체 발생 시, 바로 미납 관리 프로세스상 행동을 취하도 록 한다. 법적으로 대단한 프로세스는 아니다. 앞서 언급했듯 2~3단계 정도를 계약서에 적는다. 예를 들어 계약서상 임대 료, 관리비 항목 끝에 연체 시 연체료 항목이 있는 내용에 덧 붙인다. 일단 입금일 전에 청구서를 보내면서 연체에 대한 사 전 주의를 준다. 실제 미납이 발생하는 경우, 당일이나 익일에 미납 사실을 통보한다. 보통은 실수로 미납되는 경우도 간혹 있기 때문에 1차 통보에서는 연체료에 대한 적용을 면해 주는 것도 좋다. 단 1차 통보는 미납 사실이기도 하지만, 미납이 된 것에 대한 법적 절차가 시작된 것이므로 전화를 하거나 문자로 보내지 말고 메일이나 공문 전달의 형식을 취한다. 이렇게 하면 만에 하나라도 발생할 명도 소송 등의 법적 문제에 대비할 수 있다.

1차 통보에 입금 날짜 시간의 한계점을 요구하고 미납 사유와 연체가 불가피한 경우 이유가 들어간 답변을 요청한다. 답변이 합당하다면 건물주가 받아들여 줄 수도 있는 것이다. 코로나가 기승을 부릴 시기에는 많은 건물주가 이런 이유를 수용하기도 했다.

합당한 이유 없이 연체가 지속되는 경우는 2차 프로세스를 진행한다. 보통 이때 공문서로 작성해 내용증명의 형태로 보내라고 권한다. 간혹 임대인이 내용증명을 임차인에 보내게 되면 감정적으로 대처하는 임차인들도 있다. 감정적으로 대처하는 임차인의 경우, 건물주 입장에서는 대응하는 성향의 정도를 잘 관찰하고 기록해 둔다. 향후 재계약을 여부를 판단하는 중요한 근거가 되기 때문이다. 보통 큰 건물의 자산 관리 부분에 있어서는 연체한 임차인과 재계약하기는 쉽지 않다. 단 한 번이라도 미납과 연체를 시작한 임차인은 요주의 인물, 주의 관찰 회사가 되기 마련이다.

연체는 습관이 된다. 좋은 게 좋은 것이 아니고, 보증금이 있으니 한두 달 봐줘도 된다는 사고는 위험하다. 아이러니한 것은 이런 사고는 오히려 임차인에게 독이 된다. 간혹 일부러 가끔 연체를 하면서, 건물주에게 형편이 어려움을 어필하는 경우가 있다. 재계약 시 임대료를 높이지 못하도록 이상한 전략을 쓰는 것이다. 아주 고리타분한 옛날 마인드인데, 과거에는 이런 전략이 제법 통하기도 했지만 이제는 재계약이 성사되지 않을, 신용도만 떨어뜨리는 행동이다. 타고 있는 차를 팔고, 차고 있는 시계를 팔더라도 임대료는 밀리지 말아야 한다.

내용증명으로 미납 프로세스가 작동하기 시작하면 법적인 근거를 남기기 시작하는 것임을 임차인도 알 것이다. 인식을 명확히 하기 위해 같은 형식의 내용증명으로 공식 답변을 요청한다. 내용증명상 서로 약속한 대로 연체금 청구가 이행되지 않는 경우, 새로운 임차인을 찾는 프로세스와 임차인이 이사할 의지에 따라 다른 대처를 실행한다. 특히 임차인이 사무실 형태가 아니라 시설과 투자가 많다면 권리금 명목으로 대체 임차인을 찾느라 더 긴 연체가 진행될 수도 있으므로 건물주는 그와 별개로 명도 절차를 준비해야 한다. 중요한 점은 초기 임대차 계약 시 이런 이슈가 발생할 만한 소지가 보인다면 제소 전화해 작성, 높은 보증금의 요구, 개인이 아닌 법인으로의 계약 등 다양한 안전 장치를 달아야 한다는 것이다.

마지막으로 수익 분석이다. 매월 입금된 임대료와 관리비가 어떻게 사용되었는지 총수익에서 총지출을 모두 제외한 실질 수입률은 어떤지 관리해야 한다. 개인이 소유한 건물은 이런 수익률 개념이 낮아서 먹고사는 데 지장이 없으면 그냥 대충 자산 관리하는 경우가 많았다. 이제는 실질 소득이 부동산의 가치를 결정하기 때문에 최대한의 임대료 수익이 나오도록 부동산을 운용해야 한다.

현재 부동산을 팔지 않는다 하더라도 지속적으로 보유 부동산의 가치를 물리적이나 수익적으로 올리려는 마음을 갖는 것이 자산을 늘려 나가는 건물주로서의 첫 덕목이다. 돈과 관련된 내용들은 돈의 흐름을 잘 기록하고 세무사, 회계사 등을 통해서 정기적으로 건물 자산 관리 분야 중 현금 흐름과 관련된 리포트를 만들어 보관하는 것이 좋다.

상업용 부동산은 상업성과 상품성을 잃으면 안 된다. 임대료든 매매가든 시장가격을 거스르고 거래되기는 힘들다. 가격에 있어서 가질 수 있는 경쟁력을 끝없이 연구해야 한다.

❺ 각종 행정

행정이라는 단어가 조금은 딱딱한 이미지를 보이기도 하지만, 쉽게 사업체로서 빌딩 자산 관리의 세부 관리 분야들을 월간, 분기별, 연간 단위로 기록으로 남기는 일련의 과정으로 생각하면 된다.

건물 규모가 있는 중형 이상의 빌딩들은 구체적으로 임대료가 3천만 원 정도는 나와서 관리소장 정도는 쓸 수 있다. 강남 지역 소형 빌딩이나 강북권, 지방의 중형 건물 등 관리소장이 매월 건물을 관리하는 일지를 모아 관리하고, 해당 일일 업무를 바탕으로 월간 빌딩 경영 기록, 분기별, 연간 기록이 확보되기 때문에 다음 해의 계획도 잡을 수 있다. 따라서 행정상의 큰 어려움은 없을 것이다. 문제는 규모가 너무 작아 관리소장을 따로 둘 수 없거나 건물 규모가 중대형으로 커질 때다.

우선 규모가 중대형으로 커지는 경우 중 건물주가 건물 관리 경험이 없다면 무조건 공신력 있는 대형 부동산 관리 회사에 위탁하라고 권한다. 직영으로 관리사무소를 만들고 관리할 계획이라고 하더라도 1~2년은 전문업체에 위탁해 건물에서 매일, 매월 발생하는 업무들을 모두 파악해야 한다. 반대로 건물의 규모가 너무 작은 경우는 불가피하지만 건물주가 건물을 직접 관리할 수 있는 능력을 키워야 한다. 관리소장이나 자산 관리자를 별도로 채용할 수 없는 규모의 건물이라면 건물주는 때로는 건물주, 때로는 관리소장, 시설 보수 엔지니어, 임대 마케팅 담당자, 경비소장, 미화 담당자 심지어 법정 소방관리자 등 여러 역할을 하게 된다. 비가 많이 오는 장마철이면 노심초사하게 되고 건물 임차인 중 불을 사용하는 삼겹살 가게라도 있다면 밤에 문득 자다가 깨게 될 것이다.

예전에 노량진에서 관리하던 중형 건물이 노후도가 심했다. 5~6층 임차인으로 인해 툭하면 배관이 막히는 바람에 지하 헬스클럽 위로 지나는 배관이 터져서 수리와 컴플레인(내부 임차인의 민원) 처리가 일상사였다.

1층에는 대형 고기집이 있었는데 새벽까지 장사하고 숯불 피우는 기계를 끄지 않고 퇴근하거나 기름기 있는 식기를 싱크대에서 바로 처리해 버려 배관이 동백 경화가 나기가 일쑤였다. 당시 여의도에 있던 우리 회사는 오전 8시 30분이 출근 시간이었는데 나는 매일 7시에 해당 건물의 안전 여부를 확인한 이후 출근했다. 비가 많이 오는 날이면 주말이나 한밤에도 건물로 갔었다. 그나마 그 건물은 그렇게 노심초사하는 자산 관리자인 나와 내 일처럼 해 주시던 관리소장님이 계셨다. 만약 그런 사람들을 고용하기 힘들다면 건물주가 그런 역할을 해야 한다.

작은 건물들은 해당 건물에서 발생할 수 있는 문제와 민원의 종류를 모두 뽑아내서 항목별 대처 매뉴얼을 간단히 만들어 두는 것이 필요하다. 정화조가 막히면 누구를 불러서 고칠지, 각 건물의 부분별 수리, 교체를 위한 업체 리스트가 있어야 한다. 건물 인근의 중형 건물 중 개인이 보유한 빌딩의 소장님과 친분을 만들거나 동네 오래된 철물점과 친분을 유지하는 것도 중요하다.

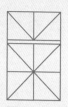

6장

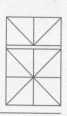

건물 리모델링과
신축 필수 전략

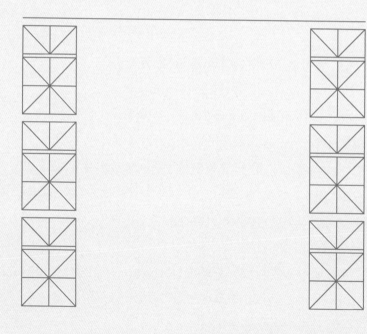

1

건물의 가치 올리기

❶ 공사로 가치를 더할 수 있을까?

최근 꼬마 빌딩을 리모델링하거나 신축할 때 계획 단계에서 입주시키고 싶은 임차인을 리스트업하는 추세가 늘고 있다. 가망 임차인에게 공사 전 계획을 선제적으로 제안해서 임차 의사(LOI,임차 의향)를 확인하고, 임차 확약(LOC 제출 또는 임대차계약, 가계약, 청약 등 서류 절차 마무리)을 확보한 후 공사를 진행하는 것이다.

이렇게 임차인 유치 계획을 수립하는 동시에 임차인을 찾는 임대 마케팅을 진행하다 보면 준공 시점에 공실 이슈 없이 안정적인 수익률을 보장받을 수 있게 된다. 건물주의 감성으로 지은 빌딩에 새로운 임차인이 들어오니 신축 빌딩에 입주 공사를 하며 새 건물을 상하게 만드는 일을 막을 수 있다. 가장 큰 장점은 공사 기간에 궁금증을 유발했던 동네 빌딩이 멋진 임차인의 영업 개시와 동시에 준공함으로 인해서 지역 내 강력한 인지도로 자리매김한다는 것이다.

❷ 리모델링과 신축을 결정하기 전, 고려할 내용

부동산의 가치를 높이기 위해 고려해야 할 핵심은 투자 대비 수익률이다. 같은 투자로 어느 정도의 임대료를 더 받을 수 있는지가 중요하다. 물론 단순히 임대료 수익만 높다고 부동산이 랜드마크가 되거나 가치가 높아지는 것은 아니다. 다만 실제로 가장 중요한 투자 포인트는 결국 돈이다. 돈이 건물의 가치를 결정한다. 수익률을 결정하는 중요 요소는 원가다. 투입된 돈이 결국 임대료와 건물 가치까지 결정하게 되는 셈이다.

'돈'이라는 측면에서 살펴야 할 점이 있다. 거주하는 집이라면 빌딩 투자에 비해서는 수익률을 다소 보수적으로 생각한다 하더라도 매매가 일어난다. 아무리 부자라도 자신이 선호하는 거주지는 다를 수 있다. 압구정 H아파트의 기대 수익, 성수동

신축 주상복합 등 선호도가 높은 지역이 있지만 모든 사람이 한정된 곳에서 거주하지는 않는다. 부산, 대구 부자들이 보유한 강남 빌딩이 많듯이 말이다. 그러나 빌딩 투자에서 가장 중요하게 생각할 점은 '상업용 부동산은 상업적 가치가 건물 가격을 결정한다'는 것이다. 따라서 리모델링과 신축 계획 역시 상업성이라는 단어를 염두에 두고 계획해야 한다. 상업용 부동산의 임차인은 건물의 이름값을 만들어 주며 높은 매매가로 팔 수 있게 하는 핵심이다.

리모델링과 신축 계획과 실행은 새로 입주할 임차인에 의해서 결정하는 것이 좋다. 만약 공사 계획 확정 전에 새로 입주할 임차인을 찾지 못한 상황이라면, 설계와 시공사 선정 전에 부동산업체를 통해야 한다. 지역에서 흥하는 업종과 망하는 업종을 분석하고 지역 내 유치가 가능한 업종, 임대료 최대치의 빌딩과 평균 임대료, 지역 내 주요 브랜드나 프랜차이즈 업종의 영업 상황 등을 파악할 필요가 있다.

농담처럼 자주 이야기하는 말이지만 부동산 수수료를 아껴서 부자가 되는 건물주를 본 적은 없다. 부동산은 한번 잘못 지어지면 되돌리기 위해 상당한 돈과 노력이 들어간다. 돈으로도 절대 복구할 수 없는 지출이 발생하는데 바로 '시간'이다. 시간은 돈으로 살 수 없다. 건물 리모델링, 신축을 위해서는 꼭 미리 리서치, 계획, 최대치의 수익률을 계산해 보기 바란다.

❸ 실패 없이 신축 빌딩의 주인이 되는 방법

오히려 신축은 하려고 결정만 한다면, 리모델링보다는 쉽다. 이때 신축 프로세스를 이해하고 진행해야 한다. 과거에는 꼬마 빌딩이 동네에서 옆집을 짓고 있는 건축업자에게 '평당 얼마냐'는 질문을 하고 설계비와 공사비가 섞인 '평당 000만 원'이라는, 뭉뚱그려서 나온 신축 공사 견적을 바탕으로 지어졌다.

이제는 꼬마 빌딩도 강남, 성수 등 주요 투자 권역에 위치한다면 건물가는 상상을 초월하는 금액이 많다. 청담동 이면에 50평 대지에 신축한 신축 빌딩도 100억대를 호가하는 일이 대부분이다. 한번 잘못 판단하면 수십억을 손해 본다. 우선은 신축 목적을 생각해 본다. 자가 사용이나 건물주의 사업장인가 임대 사업용인가를 생각한다. 자가 사용이 목적이라도 범용적인 상품성을 유지하며 일부 포인트에서 개성을 입힌다. 건물이 준공되고 화제는 되지만 사업이 잘되든 어려워지든 건물은 매매 이슈가 생긴다. 팔리지 못할 상품을 내 취향이라고 만들어 내면 안 된다. 신축 목적이 명확해졌다면 용도에 맞는 설계를 해야 한다.

시공업체에 알음알음 평당 얼마에 지어 줄 수 있는지 물어보는 것은 올바른 견적을 받을 수 없다. 내가 원하는 것과 시공사 간의 컨셉, 디자인, 자재 사용 등 모든 것이 다른 마음이다. 이렇게 되면 건물의 완성도가 아무리 높아도 내가 원하는 건물이 나올 수 없다. 설계자와 시공사가 내 돈으로 그들의 작품을 만들어 버리기 때문이다. 특히 설계자나 시공사가 유명한 사람이나 회사인 경우에는 갑과 을이 뒤바뀐다. 건물 업계에서는 화제가 되고 건축 대상 같은 상도 받는 영광이 생기면서도 건물은 무언가 마음에 들지 않고, 임차인도 들어오지 않는 상황이 발생한다. 즉 상품성이 떨어지며 호불호가 확연히 드러나는 구조물이 만들어지게 된다.

❹ 임대료를 지속적으로 올릴 수 있는 이유

과거에는 건물주가 본인이 소유한 건물에 임차인을 선택해 입주시키는 등 큰 권력과 지위를 가졌던 시절도 있었다. 당연히 건물은 임차인을 위해서가 아니라 건물주를 위해 존재하기도 했다. 입주 서비스(TRM: Tenant Relationship Management), 고객 만족도 조사 청취 및 반영(VOC: Voice of Customer) 등의 개념이 없었다.

IMF 경제 위기 이후, 외국 자본이 많이 들어오면서 상황은 바뀌었다. 대형 건물을 중심으로 임차인을 유치하고, 한 건물에서 우량 임차인을 오래 유지하면서 임대료도 만족도에 따라 지속적으로 인상할 수 있게 됐다. 이런 일련의 과정이 외국계 부동산 컨설팅 기업과 국내 태생 대기업 기반의 부동산 자산 관리 회사들에 의해 시장에 선보이기 시작했다. 현재는 이런 자산 관리(PM: Property Management)의 개념이 중형, 소형 빌딩까지 적용되고 있다. 또 많은 중소 빌딩 소유자들이 이런 전문 서비스를 도입하고 있다. 앞서 언급했지만, 강남의 중소 빌딩은 이제 수백 억대에 이른다. 테헤란로 대로변 중소 빌딩(연면적 1,000평 수준)은 호가가 5~600억대에 이르기도 한다. 그냥 주먹구구식으로 관리할 수 있는 재산이 아닌 것이다.

이제는 세상이 많이 달라졌다. 이 세상에서 건물주의 위상, 건물주의 포지셔닝이 바뀌고 있다.

2 리모델링 수준은 어떻게 결정할 것인가?

❶ 리모델링을 선택하는 이유

현재의 건축법이 시행되기 전의 허가로 지어진 건물은 용적률이 더 높게 적용되어 신축했을 때 면적에 손해를 보는 상황이다. 면적도 면적이지만 주차장 신설 등의 이슈로 1층 리테일의 크기가 작아지거나 없어지는 경우가 발생한다. 건물의 하드웨어는 신축과 같이 개선되더라도 수익이 줄어든다. 이런 경우는 기존 임차인 명도 후, 임차인을 사전 임대 마케팅으로 미리찾아야 한다. 그 임차인이 요구하는 공간을 만들어 주면서 최소한의 비용을 들여 리모델링을 완성하는 것이 좋다.

기존 임차인이 입주 중인 상황에서 리모델링을 할 수밖에 없는 상황이라면, 투입할 리모델링 비용 대비 임대료를 상승시킬 수 있는지 파악하고 공사비를 투입하기 바란다. 새로 구입한 빌딩을 내 취향에 맞춰 공사하는 것은 좋지만 투입한 비용이 임대료 상승으로 이어지지 못하면 아무 소용이 없다. 그럼에도 불구하고 성격상 리모델링을 시도한다면 임대료 상승 폭과 향후 매매 목표가를 예상해 공사비를 조절해야 한다. 가급적 건물 가격의 5~10%가 넘지 않는 범위에서 공사를 진행하는 것이 좋다.

❷ 신축 수준의 리모델링을 진행할 때

임차인 명도 후 리모델링을 진행한다면 기존 건물의 층당 연면적과 대지가 갖고 있는 용적률을 감안하라. 저층 빌딩은 고층화, 승강기 없는 건물은 승강기를 꼭 설치하도록 한다. 특히 승강기 설치는 모든 층의 임대료를 동일하게 상승시키는 효과를 발생시킨다. 전망이 좋거나 고층으로 만들어진다면 최상부는 더욱 높은 임대가를 받을 수 있기 때문에 단순히 건물 컨디션이 좋아지고 연면적이 넓어지는 효과 이외에도 수익률을 급상승시켜 주는 효과가 크다.

과거에는 리모델링을 고려하는 요인에 공사비 절감, 시간 절감의 이슈도 있었지만, 가장 큰 부분은 용적률이었다. 지금의 건축법이 생기기 전에 지어진 건물들은 엄격하지 않았던 건축허가 덕분에(?) 옆건물과 합벽으로 짓고, 땅 100평에 건물 한 바닥이 100평이 되도록 지어진 건물도 있을 만큼 건폐율, 용적률 개념이 없었다. 이런 건물 방식은 을지로, 신당동, 신촌, 종로 등 오래된 동네에서 흔히 볼 수 있다. 옆 건물과 붙어 있으면서 1층 가게들이 주르륵 여러 상가에서 장사를 하고 있는데도 변변한 주차장이나 로비가 없고 심지어는 두 개 건물이 현관을 공유하는 등의 형태다.

이런 건물들은 과거 법 기준에서는 문제가 없었지만 새로 신축을 하면 지금의 건축법을 따라야 하니 신축보다는 리모델링을 선택하게 되는 것이다. 하지만 토지 규모가 100평 이상이고 종상향(더 넓은 연면적으로 증축할 수 있는 용적률 상향) 등으로 인해 기존 건축물 면적보다 넓은 면적으로 신축되는 충분한 용적률을 확보할 수 있다면 당연히 신축 공사를 검토한다. 1층 상업시설 부분의 면적이 줄고 1개 층 바닥 면적이 줄어들더라도 전체적으로 면적이 크게 신축되어 임대료 상승 비율이 공사비 투여보다 높은 이익을 가져올 수도 있다.

물론 경제적 논리만 갖고 신축과 리모델링을 검토하는 것은 아니니, 건물주 입장에서 나는 무조건 신축하겠다고 판단한다면 말릴 일은 아니다. 다만 그런 경우 기존 토지주는 어느 정도 수익률을 확보할 수 있지만, 지금 시세로 토지를 매입한 건물주에게는 힘들 수 있다. 무리한 디자인과 과도한 공사비로 신축을 할 경우 상품성을 잃은 부동산이 탄생하기 때문에 향후 투자 가치는 떨어진다는 것도 명심해야 한다. 건물주가 직접 사용하는 것이 아니라면, 누군가에게 임대를 줘야 한다. 또 언제가 거래를 해야 한다면 무조건 '상품성'이라는 단어를 잊어서는 안 된다.

3 신축 시 고려해야 할 것들

❶ 내 취향을 스스로 정리하라

신축의 목적이 정해졌다면, 그 목적에 따라 설계를 해야 한다. 이 설계에서 내 취향이 반영되고 설계사의 구현과 부동산 전문가를 통한 임대차가 원활할지에 대한 도면 검토와 지역 임대차 시장 분석을 통한 복수의 설계자와의 협업을 우선 진행한다. 여러 명의 설계자들을 접촉하면서 내 취향을 반영해서 설계해 줄 설계자를 찾아 나가는 과정이 필요하다. 이 과정에서 내 취향이라는 것이 말로 잘 표현이 안 되기 때문에 평소에 내가 소유하거나 매입할 빌딩과 유사한, 지역에서 취향대로 신축이나 리모델링이 끝난 빌딩들을 수시로 둘러보는 것이 좋다. 견학과도 같은 '임장'을 수시로 하는 것이 중요하는 것이다.

안목을 키운다는 것은 정말 중요하다. 상업용 부동산의 임대 시장은 세월이 흐르면서 나날이 감각적으로 바뀌고 있다. 세상의 트렌드를 반영해야 하지만, 너무 앞서거나 뒤처지면 안되고 그러면서도 너무 튀면 안 된다. 건물이 한번 들어서면 적어도 수십 년은 그 땅에 콕 박혀서 세상 사람들에게 보여진다. 몇 년 지난 후 지나는 행인들의 입에서 비웃음을 사면 안 되는 것이다. 그런 어려운 문제이기 때문에 안목(감각)을 키우는 것은 잊지 말아야 할 포인트다. 어느 학교, 대학원에 입학에도 이런 안목을 키워 주지는 않는다. 내 취향에 맞는 안목을 키우기 위해 스스로 노력해야 한다. 기능적으로 뛰어난 건축가, 설계자들은 너무나도 많다. 누구에게 맡겨도 멋진 부동산을 지어 줄 것은 명확하다(잘 선택된 설계자, 건축가라면 말이다).

내 건물과 유사한 크기의 건물, 내가 사려고 하는 건물과 비슷한 건물이 리모델링했거나 신축한 사례 등을 조사한다. 상업용 부동산이며 중소형 빌딩이라는 단서 조항 아래, 내 건물과 유사한 건물이 많은 지역을 선정한다. 예를 들어, 300평 규모의 6층짜리 꼬마 빌딩을 소유한 건물주가 합정역 이면에 노후 건물을 갖고 있다고 가정하는 것이다.

인근에는 충분히 많은 리모델링 사례가 이미 있을 것이다. 이런 상업이 발달한 지역의 꼬마 빌딩들은 비교 사례가 해당 동네에 많다는 장점이 있지만, 그렇지 못한 동네라도 상관 없다. 비교군이 많은 동네로 임장 출장을 나오면 된다. 가족과 주말에 식사를 하거나 연인과 데이트를 할 때, 친구와 커피 한잔 하더라도 단순히 동네 집 앞으로 가지 말아야 한다. 내가 가본 적 없는 동네면서 상권이 활발한 동네를 찾아가 본다.

일부러 따로 시간을 안 내면서도 충분한 벤치마킹 학습을 하는 것이 고수이자 시간 아끼는 방법이다. 이렇게 안목 키우기용 임장 출장을 갈 때, 약속 시간 전후로 동네 골목골목을 산책해 본다. 공사장도 가보고 임차인이 좋아 보이는 건물은 직접 말을 걸어도 좋다. 내부 시설 상태를 살피고, 임차인에게 물건을 구매해 보면서 주인인지 임차인인지 언제, 왜 이사 왔는지를 취재하듯이 물어본다. 대답을 하고 안 하고는 그들 마음이고 물어보는 것도 내 마음이다.

생각보다 한가한 시간에는 대답을 잘해 주는 것이 우리나라 사람들의 마음 아니겠는가? 그 가게에서 물건 하나라도 사면서 손님이 되어 준다면 그 친절함에 내가 알고 싶어 하는 것을 대답해 줄 것이다. 그렇게 동네를 구경하다 보면 만나게 된다. 내가 몇 년 전 우연히 들른 뉴욕 구겐하임 미술관 복도에서 우연히 피카소 그림을 보고 소리 지른 것처럼, 멋진 빌딩이나 주택 개조 건물 등 마음에 쏙 드는 것을 만나는 것이다.

이런 과정을 통해 내 취향을 찾으면 그다음부터는 유사한 빌딩을 더 검색해 찾아보고 일부러 가 보면서 디테일을 익힌다. 왜 그 건물이 좋았는지? 어느 부분이 가장 마음에 드는지? 등을 기록하며 사진도 많이 찍어 놓는다. 내 취향에 맞는 계단, 내 취향에 맞는 로비, 주차장 램프의 컬러, 엘리베이터는 어느 제품인지, 외관의 유리 컬러, 커튼월(Curtain Wall, 외벽을 유리로 처리한 건물)의 디자인은 어떤지, 임차인이 스타벅스인 건물의 특징, 어느 임차인이 사용할 때 건물이 깨끗한지, 어느 임차인이 건물을 가장 더럽게 쓰고 있고 위험하게 쓰고 있는지 등을 함께 메모하면 더 좋다.

그 누구도, 어디에서도 알려 주지 않는 것들을 찾아서 찍고 분류하면서 내가 어떤 것들을 좋아하는지 명확히 해 둔다. 이 정도 단계에 이르면 설계자와 건축가를 만나서 상담을 시작해도 충분하다. 첫 상담에서 내가 원하는 취향을 사진으로 보여 주면서 내 취향을 파악해 그들의 능력을 입혀 멋진 디자인을 해 달라고 이야기해야 한다. 이런 과정을 통해 건물의 완성도가 높아진다.

덧붙여, 이런 취향을 찾는 임장 출장 놀이를 함께할 친구를 한 명 만들면 좋다. 그 친구가 부동산 전문가나 건물을 사거나 지어본 지인이라면 더욱 좋겠다. 이때 이 점 하나를 생각해 두자. 건물을 새로 짓거나 고치는 것은 성능 개선은 기본이고 수익 증가라는 측면도 중요하다. 어떤 임차인이 입주하느냐가 수익에 큰 영향을 미치는 만큼 내 건물이 고쳐지거나 신축될 때, 공사가 끝나는 시점에 입주할 만한 임차인을 미리 찾아보는 테핑(Tapping, 알아보기, 떠보기) 과정을 지역 부동산업체를 통해서 꼭 해 보기 바란다.

규모가 큰 건물의 경우, 건물을 매입하는 단계부터 이런 검토 과정을 돈을 들여서 하기도 한다. 부동산 컨설팅 회사나 자사 관리 회사들은 전문가를 투입해 지역 상권 조사, 지역 임차인 분포, 지역 임대가 형성 등을 조사한다. 건물의 리모델링, 신축 후 어떤 임차인을 입주시켜서 얼마의 임대료를 받을지, 그런 임차인을 어떻게 유치할지에 대한 임대 마케팅 플랜까지 분석해 업체들을 선정하고 검토를 하는 게 일반적이다. 중소형 빌딩도 마찬가지로 이제 금액이 만만치 않은 만큼 실패하지 않는 전략적 접근이 필요하다.

❷ 단짝과도 같은 설계사를 선정하라

분석까지는 아니더라도 취향에 맞는 요소들을 내 스마트폰 사진으로 많이 담고 기록으로 남겨 둔다. 요소별로 사진을 보관하면서 미팅하게 된 설계자들에게 이런 본인의 취향을 보여 주고 컨셉 설계 또는 기획 설계를 의뢰한다.

이때 기획 설계나 컨셉 설계를 정식으로 의뢰한 업체에게 설계를 맡기지 못하는 경우 가설계 비용 등이 추가로 발생하더라도 기꺼이 이런 과정을 거치라고 말하고 싶다. 그렇게 마음에 드는 기획 설계가 나오면 그 컨셉에 따라 설계사를 선정하고 상세 설계 진행과 함께 허가를 진행한다. 건축에 있어서 설계를 한다는 것은 매우 중요하다. 건물이 어떻게 완성될 것인지를 가늠하는 가장 중요한 것이 설계다. 이 설계 과정에 내 취향과 아이디어가 들어간 상태에서 설계사의 미적 감적, 건축공학적 전문성이 들어가야만 한다는 의미다.

❸ 시공사를 경쟁 입찰 형태로 선정하라

내 취향이 반영된 설계자의 설계대로 얼마에 어떻게 시공할 것인지를 브리핑하게 하고 그중 가장 경쟁력 높은 업체를 선정한다.

이런 과정을 통해 빌딩의 완성도를 높여 나가는 것이다. 기획 단계에서 시장조사를 하며 유능한 공인중개사나 중개, 컨설팅 법인을 만났다면 착공 시점에서 건물 컨셉에 맞는 임차인을 유치하도록 사전 임대 마케팅을 실행한다. 준공 전에 임차인을 찾아 계약 단계까지 끌고 나가야 한다는 의미다.

설계자를 선택하면 앞서 언급한 과정들을 설계자 여럿을 만나 협의해야 한다. 그런 과정 끝에 선정된 설계자는 정식으로 설계 계약을 체결하고 상세 설계와 함께 시공사 선정 과정으로 넘어간다. 중소 빌딩을 신축, 리모델링하는 건물주들이 가장 많이 실수 중 하나가 동네에서 옆집을 짓고 있는 건축업자에게 평당 얼마에 지어질 수 있는지를 물어보는 것이다. 건축은 설계를 어떻게 하고 공사 내역상 어떤 자재와 공사 방법을 선택하느냐에 따라서 공사 비용이 천차만별이다. 시공사와의 계약서에 이런 상세한 내용이 들어가지 않은 상태에서 공사를 진행하면 공사가 시작된 이후 엄청난 분쟁의 씨앗을 심는 것과 같다.

올바른 건축을 위한 프로세스

① **나의 취향을 확실히 정립한다.**

자료 취합 과정에서 내가 짓고 싶은 건물의 정체성을 만들어 가는 과정이다.

② **내가 원하는 빌딩과 유사한 빌딩들을 찾아 답사를 한다.**

최근 2~3년 사이 부동산 거래가 많았던 지역이라면 신축이나 리모델링 붐이 일어서 온 동네가 공사판일 것이다. 이런 지역을 중심으로 답사를 한다.

③ **내 취향의 빌딩을 세세하게 사진으로 정리한다.**

계단, 승강기, 로비, 천장 마감, 주차장 내부, 기계 주차 설비, 옥상 정원, 기준층의 공용 공간, 복도, 지하 입구, 썬큰(Sunken, 지하에 자연광을 유도하기 위해 대지를 파내고 조성한 곳)이 있다면 1층에서 지하로 내려가는 계단 디자인, 외부 간판 설치 가능 공간, 외벽 자재 등 건물 하나에서 분해해서 봐야 할 부분이 많다. 취향에 맞는 요소들을 각각 자세히 보고 사진으로 남긴다. 사진을 부분별, 동네별로 정리하는 습관만 들여도 시간이 지나면 엄청난 결과를 가져온다.

④ 설계사를 복수로 만나서 내 취향을 설명하고 가설계를 의뢰
한다.

이때 비용을 지불한다.

❹ 좋은 설계자를 찾는 방법부터 시공까지

결론부터 이야기하면 좋은 설계자를 찾는 방법은 생각보다 쉽다. 내 건축 취향을 찾아가는 학습 임장(답사) 과정에서 마음에 드는 건물이나 공사 중인 건물을 발견하게 될 것이다. 그런 건물을 설계한 설계자들을 컨택해서 만나는 것도 좋은 방법이다. 또 언론사에서 운영하는 국내 부동산 플랫폼 중 하나인 '땅집고'의 '건축주 대학' 같은 교육 플랫폼을 활용하는 방법도 있다. 건물주를 위한 신축 강의를 수강하면서 강의를 맡고 있는 설계사, 시공사 대표나 임원들의 강의를 통해 내가 좋아하는 디자인 취향이나 건축적 실력과 사고를 가진 설계자를 만나보는 것이다.

설계사를 선택하고 상세 설계와 건축 허가를 진행하면서 동시에 시공사들을 알아본다. 상세 설계 돌입 직전에 주변 상권을 미리 분석해서 가망 임차인군을 파악한다. 이때 가망 임차인에 직접 가볍게 접촉해 본다. 설계도와 임대가를 제시하면서 임차 의사가 있는지를 공사가 들어가기도 전인 시점에 확인하는 과정은 의미가 있다. 이런 상황에서 임차인이 찾아지기도 하기 때문이다.

설계사와 경쟁 입찰 형태로 시공사를 선정한다. 이미 설계가 나와 있으니, 해당 설계를 얼마의 견적에 언제까지 어떤 방식으로 시공할지를 심사한다. 사전에 시공에 응찰한 업체가 시공한 빌딩을 가보는 것도 중요하다.

시공사를 선정하면 공사 전, 주변의 민원 소지를 모두 찾아 사전에 처리한다. 민원이라는 것은 절대 만만하지 않다. 옆 건물이나 옆집에 공사로 인한 피해가 가서는 안 되기 때문에 발생할 문제를 사전에 예측해서 철저히 안전 조치를 취해야 한다. 직접 찾아가 공사에 대한 설명과 양해를 구하는 것도 좋다. 이때 옆 건물주나 옆집이 어떤 성향인지 파악이 되기 때문에 더 확실하게 민원 발생을 막을 수 있다.

공사를 진행하면서 임차인을 유치하기 위한 부동산업체를 선정한다. 지역 공인중개사를 여럿 만나서 보유 임차인과 임대 마케팅이 가능한 능력을 갖춘 전문가인지 확인하고, 건물 규모에 따라 단독 전속이나 2~3개 복수의 전속 임대 대행사를 선정한다.

공사 기간 동안 건물주는 임차인 유치를 위한 활동에 무게를 두면서 안전과 시공을 관리하기 위한 감독을 병행한다. 건물 규모에 따라 법정 감리가 존재하지만, 내 건물을 설계한 설계자나 다른 감리전문가(CM)를 선정해서 건물의 완성도를 높여 나간다.

4 앵커테넌트(우량 임차인) 유치와 공사를 맞물려라

❶ 앵커테넌트를 어떻게 정의할 것인가?

앵커(Anchor)는 닻이라는 뜻 이외에도 정신적 지주, 동사로 닻을 내리다, 고정시키다 라는 뜻이 있다. 이 앵커라는 단어와 임차인(테넌트)이라는 단어를 합친 '앵커테넌트'는 빌딩이 잘 지어지고 유지되기 위해 필수인 수익률을 받쳐 줄 수 있는 우량 임차인이다. 우량 임차인은 오래 입주할 수 있는, 네임밸류가 높은 임차인으로 이런 임차인이 들어 있는 건물들은 건물주의 프라이드를 엄청나게 높여 준다. 또 늘 화제가 되는 건물로 자리 잡기도 한다.

예를 들어, 1층에 테슬라가 있는 건물, 블루보틀이 있는 빌딩, 스타벅스가 있는 건물 등 이런 이름값을 갖게 된다. 앵커테넌트 개념에는 대형 임차인이라는 케이스도 있다. 빌딩의 절반 이상이나 상당한 면적을 사용하는 임차인으로 이런 경우는 잘못하면 건물주가 아닌 임차인이 건물주의 파워를 넘어선다. 자칫 건물의 자산 관리 차원에서 좌지우지하는 경우까지 생기게 된다.

건물을 신축하거나 리모델링한다면 이런 앵커테넌트 유치가 더욱 중요하지만, 기존 빌딩 자산 관리를 하는 도중에도 좋은 임차인을 유치하기 위한 활동은 지속되어야 한다. 설사 건물에 공실이 없고 임차인들의 임대차 계약 지속 의지가 있는 건물이더라도 건물주나 건물을 자산 관리하는 사람이라면, 끊임없이 주변이 상권 변화를 잘 살피고 지역 최고의 임차인을 내 건물에 입주시키기 위한 연구와 제안을 게을리하면 안 된다.

경우에 따라서는 이런 활동의 결과로 임차인들이 위치 대비 저렴하게 사용하면서 공실 없는 건물의 임차인을 모두 명도하고 새로 들어오기로 합의된 임차인의 입주 계획에 따라 신축이나 리모델링의 수순을 밟기도 한다. 임차인을 이미 확보하고 건물의 하드웨어가 개선되거나 신축으로 건물주가 새로운 건물을 가지는 효과가 나타난다. 특히 부동산 경기가 안 좋은 시절이나 부동산 관련 금융이 안 좋은 시기에는 우량 임차인의 입주사 확정 여부가 대출을 결정하기도 한다. 우량 임차인이 입주사로 확정되어 있다면 금융 기관에서 공사비 대출을 일으 킬 때 매우 수월하다. 또 상대적으로 좋은 조건의 금리로 자금 을 조달할 수도 있다.

❷ 1~2개 임차인으로 건물을 채우면, 불안하지 않을까?

광화문, 종로 같은 도심이나 강남지역의 테헤란로, 강남대로 를 걷다 보면 특정 기업이 1만 평 정도 규모의 대형 건물을 전 체 사옥으로 사용하는 모습을 흔히 볼 수 있다. 모든 사옥은 모두 해당 기업의 소유일까? 모든 사옥 전체가 해당 기업의 소 유는 아니다. 건물주 입장에서 건물 전체를 한 회사가 다 쓴다 면 상당한 불안감이 느껴질 수 있다. 이사 나갈 때 전부 다 나 가서 임대료 수입 '0원'이라는 최악의 시나리오가 생길 수 있 기 때문이다. 그렇다면 이런 계약은 하지 말아야 하는가?

대형 건물들은 거의 99% 자기만의 계약서를 갖고 있다. 민 법 계약법에 따르면, 계약은 어떤 조건이라도 상호 합의하에 성립된다. 물론 불법이나 인생사의 순리를 거스르는 부도덕, 비윤리적인 것은 해당이 안 되지만 말이다. 부동산 계약에서도 마찬가지다. 계약은 청약과 승낙이 연결되면 성립된다. 건물주가 작성한 계약 조건을 청약으로 본다면 그 내용을 승낙하는 임차인이 있다면 임대차 계약이 체결되는 것이다. 가끔 역으로 임차인의 청약을 임대인이 승낙하는 경우도 있다. 대형 건물들은 중소형 빌딩 시장과는 달리 공인중개사 사무실에서 사용하는 한 장짜리 표준계약서를 작성하지 않는다.

임대인(건물주)에 의해서 만들어진 계약서는 당연히 건물주의 권익을 보호하기 위한 내용으로 가득하다. 하지만 생각보다 임대차 계약서에 건물주에게만 일방적인 내용이 주르륵 나열되지도 않는다. 내가 27년간 봐 온 건물주들이 만든 계약서는 대부분 합리적인 내용이었다. 계약 해지 조항만 잘 지키고 임대료 미납만 없어도 임대인이 계약 후 계약서를 들여다볼 일은 많지 않다.

앵커테넌트를 유치하는 과정에서 임차인에게 주는 혜택이 많거나 사용 면적이 커서 한꺼번에 나갈 상황이 연출될 가능성이 있는 임차인이 입주한다면, 임대차 계약을 체결할 때 살펴볼 것이 몇 가지 있다.

먼저 장기 계약을 유도한다. 계약서상에 특약으로 입주 혜택, 입주 공사 가이드라인, 원상복구 조건, 해지 통보 기간, 보증금 반환 관련 조항 등을 철저히 삽입한다. 특히 혹시 모를 분쟁을 막기 위한 '제소전화해'를 체결해 둔다. 제소전화해는 말 그대로 소를 제기하기 전 화해를 미리 받아 둔다는 의미다. 소송을 미연에 방지하기 위한 조치다.

장기 계약이지만, 2~3년 후부터는 임대료 상승 조항을 넣는다. 렌트 프리(Rent Free)를 적용해 임대차 계약을 체결한 경우, 임차인이 원하는 임대료 할인 조건인 렌트 프리를 매년 제공할 것인지 임대차 계약 기간 앞에 몰아서 제공할지를 살펴야 한다. 이때 임차인의 신용도, 임차인의 요구 사항, 당시의 임대차 시장에 따라 탄력적으로 제공한다. 10년 계약을 체결한다고 가정했을 때, 2~3년 정도 의무 사용 기간을 설정해서 그 기간을 못 채우고 이전하는 경우 제공한 입주 혜택을 보증금에서 제외하는 조항을 삽입하는 것도 고려해 볼 수 있다.

입주 시 렌트 프리나 인테리어 공사비 지원 등이 있었다면, 필수 의무 사용 기간을 설정한다. 이를 지키지 못하는 중도해지 시에는 초기 제공한 혜택을 회수한다.

정상적인 임대차 계약 기간 중 임차인의 필요에 따라 이전을 결정하게 될 때는 면적에 따라 6개월에서 12개월 정도의 충분한 시간을 확보할 수 있도록 해지 통보 기간을 길게 설정한다.

임차인이 이전할 시를 대비해 기존 임차인의 원상복구 기간이 임대차 계약 기간 종료일과 동일하도록 설정하며 원상복구의 검수 절차를 철저히 한다.

이런 안전장치를 설정한 임대차 계약이라면, 건물 전체를 한 회사가 다 사용하는 계약을 체결하더라도 전체 공실이 생길 상황에서 충분히 대체 임차인을 찾을 시간과 조건을 확보할 수 있을 것이다.

❸ 앵커테넌트를 어떻게 찾을 것인가?

빌딩이 임대 공간이 대부분 오피스인지, 오피스와 상업시설이 공존하는지, 면적 비율이 오피스와 리테일 중 어디가 더 높은지, 지역이 오피스가인지, 특정 상권인지에 따라 이 앵커테넌트의 개념이 달라진다. 하지만 내 건물에 입주시키고 싶은 앵커테넌트는 이미 주변 건물에 다 있다.

건물을 신축하고 있거나 내 건물에 공실이 있으니 임차인이 자연스럽게 입주 문의를 하거나 지역 공인중개사들이 내가 원하는 임차인을 입주시킬 거라는 기대는 하지 말아야 한다. 좋은 임차인은 연예 기획사가 유망주를 캐스팅하듯 물색해서 내 건물로 입주시켜야 하는 세상이 되었다.

더 적극적이고 경쟁적으로 표현하자면, 남의 건물에 있는 좋은 임차인을 내 건물로 모셔 와야 한다. 나 같은 빌딩 임대차 업무를 하는 사람들은 자신이 자산 관리를 맡거나 임대차를 맡은 건물의 주변 경쟁 건물의 장단점 및 입주사를 미리 다 파악해 둔다. 심지어 이사와 상관없이 주변 경쟁 건물 임차인들과 안면을 트기 위해 인사를 다니고 주변 상황을 면밀히 체크한다. 이때 탐나는 임차인에게는 우리 건물로 이전할 수 있는 가능성이 있는지 늘 타진해 둔다.

이게 쌓이고 쌓여서 타이밍이 맞으면 실제 이전이 이뤄지기 때문이다. 그런데 이런 자연스러운 과정 말고 인위적인 방식이 있다. 일종의 타깃 마케팅이다. 내 건물에 공실이 생길 예정이거나 건물이 리모델링이나 신축 계획을 갖고 있다면, 경쟁 건물의 입주사 중 대형 임차인이거나 브랜드가 센 임차인들에게는 '사전 임대 마케팅'을 실시하는 것이다. 건축 예상도와 일정을 바탕으로 제안을 하게 된다.

1년 반 후 우리 건물이 리모델링 준공을 예정하고 다음 달부터 공사에 들어갈 예정인데, 고민해 보고 우리 건물로 공사 완료되는 시점에서 옮겨 올 수 있는 가능성을 제안해 보는 것이다. 그들도 자기 건물에서 계약을 해지할 충분한 시간이 필요하다. 이 과정에서 빠른 이전 가능성을 보여 주는 회사가 있다면 그 회사의 입주 의사를 더욱 확실히 하기 위해서 임차 확약(LOC)을 요구한다. 동시에 그 입주 예정 회사를 위해 건물의 일부 설계 변경이나 인테리어 마감에 해당 임차인이 요구하는 자재나 디자인을 적용한다.

대형 오피스 빌딩은 로비에 해당 기업의 인포메이션 데스크를 병행 설치하거나 승강기 동선을 해당 회사에 맞게 조절하거나 주차장에 일부 층을 할당하는 등 다양한 혜택을 고려해 제안한다. 내어 주는 것이 많을수록 해당 회사의 브랜드 가치가 강하거나 사용 면적이 큰 것이다. 협상의 묘미를 살려서 대형 면적을 사용하려는데 많은 가격 할인을 요구한다면, 조망이 나쁘거나 선호하지 않는 층을 사용하도록 역제안해서 내 건물의 좋은 공간을 향후 비싸게 처리하는 방법을 사용해 볼 수도 있다.

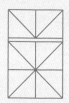

7장

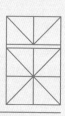

임대 마케팅이
부동산 투자의 핵심이다

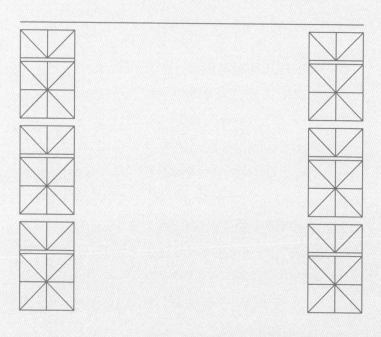

1

임차인 유치는 마치 헤드 헌팅처럼!

❶ 지역 최고의 임차인을 내 건물로 들이기 위한 자세

앞서 언급한 것처럼 이제는 SNS의 영향 등으로 인해 아무리 나쁜 상권이나 입지라고 해도 임차인이 가진 콘텐츠가 강하면 건물의 불리함을 뛰어넘어 장사가 잘되는 경우를 자주 접한다. 신당동 '싸전거리'에 즐비한 가게들에 젊은 MZ세대는 왜 줄을 서는 것일까? 이런 광경은 우리가 사는 동네에서도 종종 목격된다. '어떻게 알고?', '이 가게에서 파는 것들이 얼마나 대단하길래?', '누가 운영하는 가게이길래?' 등 궁금함이 생기지만 막상 줄에 같이 서서 경험하거나 먹어 보는 시도는 하지 않는 이들이 많다.

　신당동에 사는 지인에게 MZ세대들이 유명한 가게에 방문하기 위해 번호표를 받고 앞에서 기다리는 모습을 봤냐고 물어보면, 대부분 그런 광경은 봤지만 같이 줄을 서지는 않는다고 대답한다. 하지만 화제가 되는 건물을 만들고 싶은 건물주라면 이런 행동과 사고방식은 주의해야 한다. 일부러 내가 살지 않는 다른 동네의 핫플레이스를 찾아다니면서 공부해도 부족하다. 그런데 본인이 사는 동네가 어떻게 변하고 있는지조차 관심이 없다면 조만간 그 건물은 텅텅 비게 될 것이다.
　이제는 건물주가 자신의 건물에 우량 임차인이나 화제가 되는 콘텐츠를 가진 임차인을 내 건물로 입주시키기 위해 특별한 노력을 해야 한다. 기업이 우수한 인재를 채용하려 들이는 노력만큼의 수준으로 필요하다. 바로 우량 임차인을 '헤드 헌팅'하는 것이다.

❷ 임차인을 헤드 헌팅하기 위한 사전 학습

　내가 가진 건물, 내가 매입해 리모델링이나 신축을 통해 가치를 높이고 많은 매각 차익을 얻고자 하는 건물 등 건물주 각자 자신이 가진 부동산 투자의 사연은 다르지만 이제 공통적인 필수 항목은 '우량 임차인'이다. 부동산 투자는 상당한 수익이 발생하는 돈벌이지만, 누구나 조금만 관심을 가지면 전업이 아니라 부업으로 할 수 있는 직업이다. 요즘 유행하는 부캐(부업)로서는 본캐(본업)의 수익을 능가하기 좋은 직업이다. 일부러 시간을 들여서 공부하고, 일하는 시간을 만들지 않더라도 이 방법을 따라 해 보기를 권한다. 본격적으로 부동산업이 본캐인 경우는 말할 나위가 없이 권하는 방법이다.

대다수가 직장 생활을 하며 직장 근처에서 점심도 먹고 저녁에 회식도 하고 있을 것이다. 이때 점심 식사를 직원들과 몰려다니면서 빠르게 밥을 먹은 후 커피 한잔 손에 들고 사무실로 복귀하는 일상생활에 약간의 변화를 줘 보는 것이다.

인스타그램에 검색해 요즘 동네에서 뜨는 식당이나 카페는 어디인지 또는 디스코나 밸류맵 같은 부동산 실거래 데이터를 알려 주는 앱에서 직장 근처 꼬마 빌딩 거래 사례를 살펴본다. 그중 하나를 택해 그 건물 근처에서 식사하고 건물을 둘러본다. 이를 반복하면서 몇 달을 현장 학습만 하더라도 머릿속에서 나도 모르게 공부 효과가 나오기 시작한다. '저만한 가게가 2개 있는 4층짜리 건물은 대지가 50평에 매매가가 25억 정도구나', '같은 동네, 같은 평수라도 방향, 위치, 도로의 폭 등에 따라 매매 가격이 다르구나' 이런 깨달음은 실제로 학습을 하기 전 어렴풋이 그러할 것이라는 생각들을 구체화해 준다. 현장 학습을 통해 변별력을 갖추게 되는 것이다. 학습한 특정 동네에 대해서는 그 동네 건물주가 매물을 나에게 직접 내놓는다고 하더라도 내가 사야 하는 가격인 '적정 매입가'를 알게 된다. 이 정도 학습으로 변별력을 갖추면 심화 학습에 들어갈 수 있다.

심화 학습은 건물 내 콘텐츠에 대한 학습이다. 나는 임차인을 콘텐츠라고 표현한다. 어떤 임차인이 입주하느냐에 따라 내 건물의 유명도가 결정되기 때문이다. 그냥 지나다가 들어오는 가게에서 장사를 하려면 임대료와 형성된 권리금은 어마어마하다. 최선은 최고의 자리에서 최고로 유명한 브랜드가 장사를 하는 것이다. 그런 자리에는 보통 SK텔레콤, 스타벅스, 우리은행 등 브랜드가 짱짱하고 임대료 걱정을 전혀 하지 않는 회사들의 매장이 들어 있다.

심지어 명동, 강남역 등 유동 인구가 많은 1층 가게의 임대료는 실제 해당 매장의 매출로 낼 수 없는 수준의 높은 임대료지만 매장을 운영하는 회사의 마케팅 비용으로 감수하고 입점하기도 한다. 누구나 그런 매장이 있는 건물에 투자할 수 있는 것은 아니다. 부동산 투자의 관점에서는 그런 건물에는 투자하는 것을 권하지도 않는다. 그런 건물은 할아버지, 어머니 등 가족에게 물려받은 것들이지 내가 자수성가해서 사는 것은 아니다. 자수성가해서 사는 분들도 있겠지만 잘된 투자라고 할 수는 없다. 단지 소유욕이라고 볼 수 있다.

세상이 변하면서 부동산 투자 환경도 변했다. 특히 중소형 빌딩의 저층부를 차지하는 리테일 공간을 운영하는 사업자들의 성향과 그 매장을 찾아오는 사람들이 그 매장을 알고 찾아오는 방법이 변했다. 자기 요리에 자신이 있는 요리사는 비싼 매장에 오픈해서 임대료 부담 때문에 하지 못했던 요리나 재료비에 대한 스트레스 등을 감당하느니 이면의 작은 건물로 이사를 하더라도 넓은 공간에서 더 좋은 재료, 더 많은 음식 제공하며 자신의 요리의 퀄리티를 올리려는 성향이 강하다.

그런 셰프들의 평판 덕분에 그 레스토랑을 찾는 사람들은 골목길, 심지어 막다른 골목인데도 줄을 선다. 그 가게를 찾아온 사람들이 줄을 서는 덕분에 대로변 건물의 비싼 가게 앞에도 줄이 이어진다. 그냥 지나도 노출되는 매장 앞까지 줄을 서는 진풍경은 이면 건물을 대로변 건물의 이름값을 넘어서게 만드는 것이다.

이런 현상은 말했듯 SNS의 영향이다. 인스타그램, 유튜브 등 자신을 표현하고자 하는 젊은 층이나 흔히들 이야기하는 관종(관심종자)의 활약(?)이 크다. 화제가 되는 셰프의 식당, 누가 만든 공간, 누가 갔었다는 공간, 유명 브랜드의 어떤 공간 등 이름을 갖게 되는 것이다. 그런 공간이 내 인스타그램에만 올라오지 않으면 뒤처진 것 같은 느낌, 어떤 트렌드를 이끈다는 이미지를 갖지 못하는 것에 대한 불안감 등 사람들의 심리와 마케팅이 만나는 지점이다. 이런 심리 탓에 유명 셰프의 사례와는 달리 어설프고 예쁘게 화제성만을 넣어 공간을 만들기도 한다. 그 화제성으로 단기에 부동산 투자 차익을 남기고, 팔고 사는 부류의 기업이나 개인들도 열심히 활약 중이다. 막상 그런 레스토랑이나 식음료 매장을 찾으면 사진은 예쁘게 나오는데 음식이나 음료의 질은 높지 않은 경우가 많아 금방 망하기도 한다. 옥석을 가려서 볼 수 있는 안목 역시 필요한 세상이 된 것이다.

❸ 내 건물에 유명한 임차인을 입주시키는 시도

투자에 성공하는 건물주가 되기 위해서는 상당한 공부가 필요하다. 같은 크기의 토지에 비슷한 금액으로 신축한 빌딩도 매매할 때는 1층 임차인이 누구인지, 건물에서 나오는 임대료 수익에 따라서 큰 매매가 차이가 난다. 심지어 좋은 콘텐츠(임차인)를 가진 건물주는 '그것'이 들어 있는 건물주라는 유명세까지 갖게 된다. 강남 꼬마 빌딩 투자자들 중에는 유명세가 건물 투자의 목적인 경우도 많다. 임차인을 유치하는 방법을 세부적으로 알아보겠다.

　학습 과정에서 다른 건물을 많이 방문했을 것이다. 그 건물들을 방문하며 때로는 1층 카페에서 커피를 마셨을 것이고 2층이나 지하 레스토랑에서 맛있는 것들을 먹었을 것이다. 그러는 중, 그 건물이 노후 건물이면 어떻게 리모델링 했는지, 어느 정도 수준으로 공사비를 들였을지를 유심히 살핀다. 소프트웨어(임차인)와 하드웨어(건물, 부동산)를 같이 살피라는 뜻이다. 소프트웨어 측면에서 카페나 레스토랑의 음식 수준, 서비스 수준, 청결 수준 등을 마음속으로 채점한다. 대신 주요 음식이나 좋은 서비스의 포인트는 사진으로 많이 남긴다. 계산할 때나 한가한 틈을 타서 주인이나 셰프에게 꼭 질문한다.

　당신이 가게 사장인지, 당신이 개발한 음식인지, 전에 어디서 셰프를 했는지, 요리를 어디서 배웠는지 등 가게 안에 트로피나 상장들이 붙어 있으면 누가, 언제, 왜 받았는지 물어본다. 그리고 음식이나 서비스 수준에 걸맞은 명성도 있다면 명함을 받아 둔다.

　나는 항상 이런 가게의 명함을 받아 둔다. 그리고 건물주가 청담동 건물이지만 뒷골목이나 막다른 골목이라 스타벅스 유치가 힘든데 막무가내로 스타벅스 같은 가게 넣어 달라고 할 때 카페를 직접 오픈하기를 제안한다.

카페가 작은 건물, 이면 건물의 1층에 들어오면 2층부터 다른 임차인 유치에 유리한 점도 있고 건물 내 커피 향으로 향기 마케팅도 된다. 더 중요한 포인트는 스타벅스는 청담동 할아버지 같은 좋은 동네라도 입지가 안 맞으면 입점하지 않는다. 개인 바리스타는 다르다. 그 바리스타는 개인 자금으로 입점하기에는 부담스러울 것이다. 이때 받아 둔 명함이 빛을 발한다.

"전에 명함 드렸던 청담동 B클리닉 김 원장입니다. 제가 청담동에 건물을 하나 신축해서 2층부터 병원을 이전하고, 1층에 카페를 오픈할 건데 와서 동업하실래요?"라고 말하는 것이다. 건물주에게는 카페 오픈 비용을 모두 부담하게 하고, 바리스타에게는 월급쟁이 바리스타가 아니라 본인이 사장을 하는 것으로 제안한다. 월급이 아니라 수익을 배분하는 것이다. 이때의 장점은 청담동 건물 1층에 원하는 카페가 생기는 것과 더불어 언제든 다른 사람에게 매매할 수 있게 된다는 점이다. 다시 말해, 임대차 보호법의 효력이 지속되는 10년간 건물주가 어쩔 수 없는 임차인으로 계약하는 것이 아니라는 의미다. 즉 건물주 본인의 가게로 입점하는 것이다.

부동산을 소유했을 때는 매각도 항상 염두에 두고 있어야 한다. 1층 임차인을 잘못 입주시키면 주객이 전도되어 임차인을 내보내고 싶어도 내보낼 수 없게 된다. 남의 건물에 입주해 영업하는 임차인 입장에서는 투자한 개인 자금을 회수하지 못하고 건물에서 쫓겨나듯 날 수도 있다. 그래서 평생 갖고 있을 건물이 아닌 경우 임대인(건물주) 입장에서도 임차인이 피해 보지 않을, 위치가 좋은 빌딩을 소유한 경우가 아니라면 1층 임차인 입주에 이런 면을 고려해야 한다. 유명한 바리스타를 입주시키는 등 건물주 직접 사업 오픈이라는 컨셉 덕분에 내 건물은 이면이지만, 젊은 이들의 성지로 변할 것이다. 덕분에 내 병원도 A커피 2층 병원이라는 이름값을 얻는다. 유명해진 카페의 커피잔과 카페 사진이 SNS의 세상에 돌아다닐 때, 건물주인 병원장의 병원도 유명세 홍보를 하게 된다. 중요한 포인트 하나는 그 건물의 소유주인 병원장은 같은 의사 세계에서도 청담동에 건물 투자에 성공한 건물주라는 부캐(부업)도 얻는다는 것이다.

평소 쉬는 날, 퇴근 후에는 내 건물과 유사한 크기와 용도의 건물이 많은 동네에서 이런 스카우트 대상을 물색하는 과정은 건물주만이 갖는 즐거움 중 하나가 될 것이다.

2　임차인의 눈높이에 맞춘 임대 제안

❶ 구축 빌딩의 임차인을 리뉴얼하는 경우

임차인 리뉴얼, 제안이라는 이 두 단어에 집중해 보겠다. 이는 쉽게 표현하면 임차인을 교체하는 것이다. 구축은 기존 건물인데, 평범한 관리 상태의 빌딩일 수도 있고 노후 빌딩일 수도 있다. 구축인 빌딩을 매입했거나 물려받은 경우 건물이 들어서 있는 토지의 용적률을 모두 사용해 건물이 지어져 있는지 확인한다. 오래된 건물이라면 현재 건축법 적용 전에 건축된 경우가 많아 새로 신축한다면 1층의 대부분을 주차장 등 확보 문제로 줄여야 하는 상황이 생긴다.

근린생활 빌딩으로 1층의 임대료 수입이 전체 임대 수익에서 차지하는 비중이 크면 신축을 통해 얻을 것이 별로 없다. 다만 토지의 면적이 충분하고 기존의 주택가였던 동네가 오피스가로 바뀌고 용적률도 종상향으로 높아져 있다면 당연히 신축을 고려한다.

경우에 따라 3층이면서 1층에 가게 작은 가게, 넓은 주차장이 있는 근린생활 빌딩이라면 신축을 계획해도 좋다. 10층 정도의 오피스 빌딩으로 신축할 수 있기 때문이다. 심지어 1층 전체가 로비를 제외하고 주차장 공간이나 주차 기계 설치 공간으로 사용하더라도 신축으로 진행한다. 1층에서의 수익은 포기되지만 전체 임대 수익은 늘어나기 때문이다. 1층을 포기한 설계를 한다면 아이디어 넘치는 설계를 통해 지하 공간에 썬큰 등을 설치해서 쾌적하게 만들 수 있다. 그러면서 1층 7~80% 수준의 임대료 상업, 판매 시설을 유치할 수 있고, 2층 계단을 따로 만들거나 테라스 등으로 1층 대체 공간에 리테일 업종을 입점시킬 수도 있다. 이렇게 손해나는 임대료를 보충할 수 있는 다양한 아이디어를 낼 수 있다.

충분한 연면적 증가의 케이스가 아니라면, 리모델링을 선택한다. 최근의 건축 기술이 워낙 대단한 경지에 이르러서 5~60년 된 노후 빌딩을 신축을 능가하는 성능으로 개선시키기도 한다. 비용 측면에서 리모델링이 더 번거롭고 공사비가 더 투여되는 경우도 있지만 불가피하기도 하니 상황에 따라 판단을 잘해야 한다. 어중간하게 리모델링하면 안 된다.

리모델링 비용은 건물주에게 수익 증가로 이어지지 않는 위험도 있다는 점을 명심해야 한다. 특히 공사 비용은 계획 단계에서 힘을 줘야 한다. 고칠 곳과 단순 환경 개선만 할 곳을 나눠 정리할 필요가 있다. 전체 건물 가치의 10~15% 이상을 투입하는 것은 권하고 싶지 않다. 건물 리모델링 공사가 끝나고 향후 2~3년 사이에 임대료 상승분으로 투자비 회수가 쉽지 않기 때문이다. 또 매매 시, 공사비가 모두 반영된 매매가 이뤄진다는 보장이 없다. 주의점은 적정 공사비를 산정하고 모든 공간을 손보기는 해야 한다는 것이다. 어느 부분이 옛 흔적을 갖고 비호감을 준다면 임대차에 영향을 미친다.

❷ 리모델링이나 신축 시, 임차인을 리뉴얼하는 경우

임차인을 리뉴얼한다는 것을 다른 표현으로 이야기하자면, 임차인을 교체하는 것이다. 즉 명도하는 것이다. 건물의 소유자가 변경되면 임차인이 무조건 나가야 하는 것은 아니다. 상가 임대차 보호법이라는 법적 안전장치가 있고, 임대인과 임차인 간의 임대차 계약이 보장하는 임대차 계약 기간이 존재하기 때문에 큰 걱정을 할 필요는 없다.

건물주 중에는 쉽게 건물을 사고 때로는 나도 모르게 건물이 생겨서 건물주가 되어 있는 분들도 있지만, 사업적으로 투자하기 위해 건물을 매입한 경우가 많다. 따라서 용도에 맞게 건물을 고치기도 하도 임차인을 변경할 필요가 생긴다. 이런 경우, 임대차 계약과 무관하게 임차인을 내 사업 계획에 따라 협의해 이전시키고 새로운 임차인으로 교체해야 하는 상황이 온다.

만약 새로 건물을 구입하는데 리모델링, 신축, 자가 사용, 수익률 상승 등 임차인 때문에 계획이 좌지우지되는 상황이 예측되는 건물을 매입하는 타이밍이라면 명도 비용을 감안해야 한다. 경우에 따라 이전시키기 힘든 임차인이 1층이라도 차지하고 있다면 큰 낭패를 볼 수 있다. 더욱 큰 오판은 기존 임차인들이 그대로 있는 상황에서 외관, 주차장이나 공용부를 리모델링하는 것이다. 이런 경우 돈은 투입되지만 임차인들에게 임대료를 추가로 올리기는 힘들다. 임대인이 성능 개선과 건물의 가치 상승을 이유로 임차인에게 임대료를 올려 줄 것을 제안한다면, 들을 답은 딱 하나다. '계약서대로 이행'. 기존에 오래 갖고 있던 건물이라면, 오랜 인간관계로 합의점을 찾아 이전시키는 원만한 방법이 있다. 하지만 새로 매입하는 건물은 가급적이면 매매 당시 기존 소유자가 명도 책임을 지도록 계약하는 것이 좋다. 매매가 할인 협상을 매도자 측면에서 해 주는 한이 있다고 해도 말이다. 아예 모두 명도 후, 새롭게 리모델링하거나 중·장기적인 안목으로 임차인들의 계약 기간의 만료를 기다려야 한다. 시간도 돈이다.

3 최고의 가치 상승 요소는 좋은 임차인이다

❶ 좋은 위치 가치를 가진 건물 매입하기

건물, 빌딩 이렇게 불리는 부동산을 갖는 것은 누구에게나 선망의 대상이다. 과거에는 그냥 소유하는 것만으로도 계속 가치가 오르고 부를 늘릴 수 있는 시절이 있었다. 지금도 좋은 동네에 위치까지 좋은 부동산에는 당연히 통하는 말이다. 다만 소유한다고 '무조건' 가치가 오르고 매입한 금액보다 높은 금액으로 부동산을 되팔아 고소득을 올릴 수 있는 세상은 막을 내렸다.

자산 관리의 궁극적인 목적을 파악해야 한다. 본인에게 '돈'과 '역할'을 부여한 건물주를 대신해 본인이 맡은 건물에서 발생하는 모든 일을 집사처럼 처리하는 사람이 자산 관리자다. 마치 연예인을 바로 옆에서 케어하는 매니저의 역할과 다르지 않다.

과거 자산 관리자의 역할은 현상 유지를 잘하는 것으로 충만한 시기였다. 이제 건물, 빌딩이라고 불리는 공간을 빌려주는 사업을 하는 사업자가 너무나도 많아졌다. 건물의 절대 숫자도 엄청나게 늘어났고 과거 업무 지구로 불리던 서울의 주요 3개 권역 오피스 지역도 이제는 늘어났다. 기존 광화문지역이 포함된 도심이라고 불리는 CBD(Central Business District), 테헤란로를 중심으로 하는 GBD(Gangnam Business District), 여의도 금융으로 상징되는 YBD(Yeouido Business District)까지 크게 3권역으로 오피스 지역이 형성되었다. 이제 광화문지역은 서대문, 종로, 명동, 을지로까지 거대한 업무권역을 포함하고 있다. 강남지역은 서초, 양재, 성남, 판교, 잠실지역까지 확대가 이어지고 있다. 여의도 역시 동쪽으로는 마포, 합정, 용산으로 이어지며 CBD 지역과 일부가 오버랩 된다. 또 서쪽으로는 영등포, 목동, 마곡 심지어 인천 송도지역까지 권역에 넣을 정도로 확장되었다.

그렇다면, 기업의 확장세와 우리나라 경제 상황은 어떻게 되었는가? 우리나라는 인구가 줄고 있으며 미국 등 세계 경제에 큰 영향을 받는다. 몇 년간 '묻지 마 투자'식으로 대형 건물은 대형 건물대로 중소형 역시 과열에 과열을 거듭했다.

아는 사람들은 다 알지만, 코로나 시국은 우리나라 부동산 투자의 황금기(?)였다. 황금기라는 표현보다는 엄청난 매수세의 부동산 시장이었다고 말하는 것이 맞겠다. 신용도가 높은 기업이나 개인은 100억이 넘는 건물을 20억이 안 되는 자금만으로도 대출을 끼고 살 수 있던 시기였다. 더불어 빌딩 임대차 시장도 좋았다. 대출을 무리하게 70~80%를 받아도 월세 대비 이자를 내는 것은 문제가 없었다. 2~3%대의 달콤한 이자율 덕분에 '영끌'이라는 단어까지 생긴 시절이었다.

이제 1~3%대 이자로 빌딩을 사던 시절은 꿈처럼 지나가고 5~8% 정도의 대출 이자를 생각해야 하는 시절이 왔다. 고금리 시절은 앞으로 다소 떨어질 수 있다는 기대도 있지만 근본적으로 고금리의 시대가 유지될 것이라는 게 전문가들의 견해다. 이제 부동산 투자에서 레버리지는 필요하지만, '정도껏'이라는 전제 조건이 붙은 것이다.

중소형 빌딩 시장은 나쁘지만은 않다. 솔직히 말해 나쁜 시장이란 없다. 투자자 스스로 투자할 상황이 되느냐 안 되느냐가 더욱 중요하다. 늘 경기가 좋지 않으면 매물이 많이 나오고, 경기가 더 나빠지면 매물의 값이 떨어지면서 매물은 더 많이 나온다. 중개 수수료도 많이 올라간다. 경기가 좋으면 매수자가 늘어난다. 매물이 소진되면서 매물의 가격이 올라간다. 이런 매도자, 매수자 시장의 반복 속에서 투자의 사이클을 잘 잡아야 하는 것이다.

과거 몇 년간 과열되어 거래되던 부동산의 가치가 떨어졌거나 공실이 엄청나게 늘어났거나 매물이 넘쳐나게 나오는 그런 상황은 아니다. 다만 사고 싶어도 살 수 없는 상황과는 다르게 사고 싶은 매수자들은 원하는 동네에서 원하는 건물이나 유사한 건물을 매입할 수 있는 시장은 되었다. 최근 발 빠르게 이참에 부동산을 매수하겠다고 연락해 오는 투자자가 많다. 내가 그런 이들에게 하는 말이 몇 가지 있다. 100억 가치의 빌딩을 100억에 살 수 있는 시장이 되었고, 100억 원의 빌딩을 매입하기 위해 자기 자본을 50억 원 수준으로 생각해야 하는데, 자금 조달이 가능한지를 물어본다.

헐값에 매수할 수 있는 시장은 아니다. 헐값에 나오는 부동산은 사서도 안 된다. 지구가 내일 멸망하더라도 최고 위치의 부동산은 헐값에 나오지 않는다. 좋은 위치의 부동산이 매물로 나오는 이유는 '돈'이 아닌 경우도 많다.

사고 싶어도 살 수 없었고 부풀려진 금액이라도 매수할 수 밖에 없는 과열시장이 정상 가격에 매입할 수 있는 시장이 된 것이라고 생각해야 맞다. 지금 시장에서 가격이 많이 떨어진 금액은 그만큼 향후 가치도 높지 않다. 환금성이 떨어지는 건물이라고 생각하는 것도 틀린 말은 아니다. 어떤 불경기와 호경기가 온다 해도, 가로수길 입구에 올리브영 같은 좋은 브랜드의 기업 임차인(개인 임차인이 아닌 기업 임차인이라는 표현이 중요하다)이 있는 건물이라든지, 신사역 3번 출구 앞 A카페 이런 강력한 위치 가치를 가진 빌딩의 가치는 떨어지지 않는다. 금액의 변동은 있겠지만 가치는 유지된다는 말이다.

　"그래도 경제 상황이 아주 나빠지면 가치가 떨어지지 않겠냐?"라고 물어볼 수도 있다. 반만 맞는 말이다. 가치가 떨어지는 것이 아니고 당시의 매매가는 떨어질 수도 있다고 표현하는 것이 맞다. 그런데 특정 지역의 아주 좋은 위치 부동산 매매 가격이 떨어질 정도면 다른 지역의 부동산 가격은 어떻게 될지를 되묻고 싶다. 극단적으로 우리나라가 망하더라도 가장 늦게 망할 위치의 가치를 생각해 보자.

　다시 말해 지금은 좋은 위치 가치의 부동산도 매물로 나올 수 있는 시기라는 것이다. 단 아직까지는 제값을 치러야 한다. 이제는 개인의 판단에 달려 있다. 제값을 주더라도 나오는 매물을 잡을 것인가? 더 떨어지는 시기를 볼 것인가? 그런 판단

속에서 매입한다면, 2가지 가치 상승 가능성을 검토해 본다.

1. 지금의 임차인은 이 위치에 적합한가?
2. 이 건물의 하드웨어를 향상시킨다면, 투자되는 돈만큼 건물의 가치와 수익 상승이 모두 가능할 것인가?

이 2가지는 건물주라면 모두 생각해야 하는 절대 과제이며, 자산 관리자이자 임대차 마케팅 전문가라면 머릿속에 달고 살아야 한다.

❷ 건물의 가치는 건물 자체로만 정해지지 않는다

가치 상승을 가장 멋지게 하는 방법이 있다. 좋은 임차인으로 내 건물을 채우는 것이다. 현재 건물이 가진 위치 가치 대비 내 건물의 하드웨어(건물의 물리적 상태)는 우수한지, 건물 상태가 좋다는 가정하에 적정 임대료가 적용되어 임차인들과 임대차 계약이 되어 있는지, 더 좋은 우량 임차인을 유치할 수 있는 자리인데 지금 임차인이 위치에 맞지 않는 것은 아닌지, 1층 임차인이 10년 넘게 같은 임차인으로 같은 임대가로 계약되어 사용하고 있는 것인지 등 건물주가 생각해야 하는 임대차 고민은 끝이 없다.

건물을 신축했거나 신축이나 리모델링 계획이 있다면, 이제는 건물만 새것으로 만들기 위해 계획해서는 안 된다. 설계자, 시공업체와의 미팅 전에 부동산회사나 중개법인, 공인중개사를 먼저 만나라고 이야기하고 싶다. 그들을 만나 이런 질문을 하는 것이다.

▸ 내 건물이 새 건물로 지어진다면, 어떤 임차인이 관심을 가질지?

▸ 당신(공인중개사)이 진행하는 임차사 중에서 입주시킬 우량 임차인이 있는지?

▸ 이 동네에서 흥하는 업종은 무엇인지?

▸ 이 동네에서는 어느 건물에 입주한 어느 임차사가 가장 최고의 임차사인지?

▸ 어느 건물의 임대료가 가장 높은지? 그 이유는 무엇인지?

시장조사를 선행하고 나서 가망 임차인을 염두에 두고 진행해야 한다. 최근 임대차 시장에서는 이런 조사 과정 중에 건물주의 안테나에 걸리는 우량 임차인이나 임차사가 수면 위로 올라와서 공사 계획 자체가 그 임차인과의 장기 임대차 계약(선 계약) 후에 진행되는 일들도 자주 목격된다.

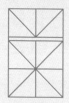

8장

건물주가 할 수 있는
사회적 기여

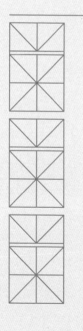
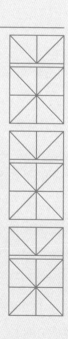

1

좋은 건물을
지역에 선보이는 마음

❶ 건물을 신축하는 것도 사회 환원이다

건물주가 할 수 있는 사회적 기여는 무엇인가를 늘 생각한다. 많은 강의를 다니면서 수강생들한테 항상 어떤 사회적 기여를 하고 있는지 묻는다. 기부 같은 금전적인 기여를 하는 이들도 있지만 대부분은 더 벌고 싶지 기부나 기여 같은 단어들을 싫어하기도 한다. 사실 이미 세금으로 많은 사회적 기여를 하고 있다고 생각한다.

여기 아주 기분 좋고 일거양득인 사회적 기여가 있다. 바로 내 건물이 예쁘게 고쳐지거나 신축돼서 골목길이 환해지도록 만드는 것이다.

누구나 예쁜 것을 좋아하지 않는가? 빌딩인들 안 그렇겠나? 골목에서 공사한다고 레미콘 트럭들이 먼지를 날리고 소음에 도로에 쌓인 공사장비들로 복잡함을 골목을 지나는 주민들은 겪었다. 분명 내 재산 증식을 위해 동네에 피해를 준 것이다. 이때 동네 주민들의 관심을 한 몸에 받는다. 이미 화제가 되고 있는 것이다. 이야기하기 좋아하는 주민들은 삼삼오오 모여서 저 건물이 어쩌구저쩌구, 건물 주인이 누구인지, 뭘 짓는지 등 관심이 폭발한다. 내색을 안 하더라도 말이다. 심지어 공사장 앞을 지나가는 초등학생조차도 한 번은 쳐다본다.

준공 임박! 동네에 공사 가림막을 거두고 건물의 모양이 드러날 때, 관심이 웃음으로 번지게 만들어 주자는 이야기다. 예쁜 건물, 잘 지은 건물은 동네를 환하게 만드는 것은 물론이고 동네 주민들이 반기는 좋은 임차인이 입주하기 마련이다. 더 나아가서는 동네에 원래 없었지만, 필요했던 업종이 입주하기도 한다. 이런 상황은 여러 사회적 기여를 하게 된다. 어떤 특정 기업이나 건물이 동네 자체를 변화시키는 주역이 되기도 한다.

용산 한강로 2가에 아모레가 신사옥을 신축했을 당시, 아모레퍼시픽의 사옥 주변은 리테일 시장(요식업 등)과 꼬마 빌딩 투자 시장에서 초관심을 받았다. 또 지가 상승과 유명 요식업을 운영하는 사업자들의 창업이나 이전이 줄을 이었다. 결과적으로 동네 전체가 핫플레이스가 되었다. 이를 '아모레퍼시픽 효과'라고 한다. 단순히 땅값이 올라 동네 주민에게 사회적 기여를 했다는 것이 아니다. 동네가 좋은 방향으로 달라졌다는 점에 주목해야 한다.

❷ 골목길의 수준을 높이는 리더가 되어라

내가 사는 군자역, 어린이대공원 인근은 주택가다. 상가주택, 다세대, 다가구가 밀집된 동네다. 한 골목에서 오래 사는 사람이 많은 동네이기도 하다. 아주 작은 골목길이 사람 몸의 모세 혈관처럼 이어져 있는데, 아무리 작은 골목이 이어져도 막다른 골목이 거의 없다. 대원외국어고등학교 쪽이나 아차산역에서 영화사, 워커힐 호텔 쪽으로 향하는 길은 상당한 언덕지임에도 골목으로 차들이 다 지나갈 수 있다. 주거 환경이 나빠지면 집 주인이 자기 집을 새로 짓고 살기 때문에 재개발 지역이 될 일이 없다. 골목길 집들의 상태가 대부분 좋다.

전부 비슷한 스타일에 조용하고 깨끗한 주택가 그 이상도 이하도 아니었다. 그런데 이런 군자역에 변화가 시작되었다.

몇 년간 꼬마 빌딩 매매 시장이 너무나 활발했을 때 강남, 성수 등 지역에서 매수세가 밀리고 밀려 광진구, 성동구의 송정동, 강동구 등 주 매매 관심 지역의 인근 건물 매입이 활발하게 이루어졌다. 우리 동네 골목길에도 손바뀜이 엄청났다. 타지 주민이 동네 소유자로 많이 바뀐 것이다. 타 지역에서 이동해 온 소유자들이 짓는 신축과 리모델링은 동네 주민과는 다르다. 그 다름은 좋은 기운으로 작동했다고 생각한다.

내가 사는 골목길 곳곳에는 20평, 30평, 40평 등 작은 대지의 단독주택을 사서 꼬마 빌딩을 지은 이들이 많다. 동네에서 소유자가 바뀐 건물들은 대부분 자가 사옥으로 사용하는 케이스거나 리모델링을 통해 1층 임차인을 대부분 카페, 공방 등으로 교체했다.

몇 년 전 50평 대지의 2층 단독주택이 멸실(철거)되자, 골목길에서 동네 주민들은 지나면서 '또 원룸이나 다가구 새로 짓겠네'라고 단순히 생각했다. 그런데 골조가 다 올라가고 지나던 사람들은 혀를 찼다.

오래된 주택가는 공사 후 준공 검사를 통과하면, 의례적으로 계단식 베란다의 지붕을 달아 합법이든 불법이든 면적을 확장

한다. 좁은 대지에 지은 건물의 한계를 넘어서려는 당연한(?) 과정이고 동네 골목의 99%는 그런 개조 건물들이다. 심지어 준공 검사를 하러 오는 공무원들이 보는 앞에 불법 개조할 자재를 쌓아 두고 건축허가를 신청할 정도로 '깡'이 센 사람들이 많다. 그 신축 건물은 달랐다. 누가 보더라도 디자인 우선. 절대 불법 개조 따위는 생각조차 안 한다는 결심을 골조에서 보여 주고 있었다. 완성된 후 나는 그 건물이 나도 아는 건축 설계사분의 사옥이라는 것을 알게 되었다. 4층짜리 건물이었는데 2~4층은 설계 사무실이고 1층은 꽃집으로 임대되었다. 사람들이 지나면서 다 한마디씩 한다. 예쁘다, 청담동에 어울릴 건물이다, 계단 특이하다, 디자인이 좋다 등 익숙하지는 않지만 웃음과 신선함을 주는 일이다. 이런 게 건물주가 할 수 있는 사회적 기여다.

1층의 꽃집은 동네 사람들이 지금까지 보지 못한 꽃집이었고, 3년이 지난 지금도 매우 장사가 잘된다. 원래 동네에서 꽃집이라고 하면 화원이라고 불리는, 기념일이나 좋은 일이 있을 때 꽃다발을 사러 가는 곳이었다. 담배를 입에 물고 작업복을 입은 화원 아저씨가 거칠게 포장해 주고 2~3만 원을 받는 그런 분위기가 익숙했다. 새로 생긴 꽃집에는 그런 화원 아저씨는 찾아볼 수 없었다. 플로리스트라고 불리는 꽃집 사장님이 아주 자세히 상담해 주며 꽃다발의 형상을 미리 이야기하면서 꽃다발을 만든다. 이 꽃집의 꽃은 한 다발에 2~3만 원이 아니고 한 송이에 1~2만 원 한다. 그래도 사람들은 간다. 꽃다발은 매일 사는 것도 아니고, 어쩌다 사는 꽃다발이 다소 비싸도 좋은 호텔이나 백화점, 대형 건물 아케이드에 있는 수준의 꽃을 동네에서 살 수 있기 때문이다. 기념일이나 프로포즈를 위해 인스타그램 같은 SNS 홍보를 통해 인근 광역권 고객들의 발걸음이 끊이질 않는다.

이 건물이 생긴 이후 많은 건물이 부동산 경기를 타고 신축되었다. 앞서 언급한 설계회사 사옥보다 디자인이 떨어지거나 옛날처럼 원래 동네 스타일에 맞게 지어진 건물은 없다는 것이다. 사람들에게는 눈이 있고, 그 사람들 중에는 실제 신축된 건물에 입주하고자 하는 가망 임차인도 있었을 것이다. 높아진 눈은 안목을 만든다. 한번 생긴 눈높이는 낮아지기가 정말 힘들다. 상품성을 확보하려는 건물주들은 신축이나 리모델링할 때 준비할 마음의 기준이 모두 높아지게 된 것이다.

결론은 동네에 예쁜 건물, 똑같지 않은 개성이 넘치는 건물이 늘어나고 있다는 것이다. 그런 건물들의 1층 임차인으로 동네에 없었던 와인바, 하이볼바, 일본식 오뎅집, 일식당, 트렌디한 바버샵이나 미용실, 각종 공방 등 원래라면 다른 동네로 가서 이용하던 업종이 골목길에 등장했다. 카페가 늘어난 숫자는 말할 것도 없다.

　이런 상황에서도 시대 흐름이나 동네 흥하는 업종을 무시한 채 아무렇게나 건물을 고치고 새로 짓는 건물주가 공존한다. 대부분 장기 공실은 그런 건물들에 있다. 사람의 심리가 모두 같지 않은가? 문제는 예쁘고 실용적인 건물을 짓는 건축비와 아무렇게나 기존 동네 집장사를 통해 짓는 건물 건축비가 엄청나게 큰 차이가 나는 것도 아니라는 점이다. 센스, 감각이라는 단어가 어디 패션 디자이너 같은 직업에만 필요한 덕목이란 말인가. 이제 건물주들은 센스, 감각, 트렌드 이런 단어들과 친해져야 한다.

2 아름다운 골목을 만드는 주역

　대학원 박사 과정에서 도시재생, 청년주거라는 단어를 중심으로 공부를 했었다. 이는 상업용 부동산 시장에서 빌딩 자산관리와 임대차 업무를 건물주인 운용사, 개인들을 대상으로 20여 년 넘게 세일즈를 하면서 강력한 자본주의 마인드를 갖고 있던 나에게 큰 변화를 안겨 주었다. 주위를 둘러보게 되었고 상업용 부동산 이외에 부동산을 주제로 한 다양성을 생각하게 만든 계기였다. 황금 만능주의로 돈이 있으면 집도 건물도 살 수 있고, 부자가 되어야 하고, 못사는 것이 개인의 무능이나 운이라 생각하고 살았었다. 대학원 교수님들 덕분에 나는 대로변 건물에서 일만 하던 성격에서 이면 건물이나 주택 등에도 관심을 갖게 된 것이다.

재미있는 이면 건물들은 개인 소유가 많고 나 역시 건물을 사야겠다는 마음을 만들어 줬다. 이런 관심들이 대학원 논문 연구에서 중소형 건물의 관리지표 연구를 하게 만든 것이다. 어떻게 보면 석사 논문 작성을 기점으로 대형 건물에서 배운 자산 관리 노하우를 중소 빌딩에 적용하기 위해 500여 개의 관리 포인트를 수익성, 안전성, 입주 서비스라는 3가지 항목으로 나눠 33가지 중소 빌딩을 위한 최적의 관리 지표를 도출해 낼 수 있었다.

작은 건물도 대형 건물 못지않게 자산 가치를 상승시킬 요소는 많다. 그 많은 요소 중에서 기초적인 임차인 관리와 하드웨어 관리의 개선만으로도 가치 상승은 당연히 가능하다. 입주자들에 대한 세심한 고민과 배려의 마음은 임대인과 임차인의 관계 개선으로 이어져 향후 임대료 상승을 원만하게 한다. 분쟁이 줄어든 만큼 매사에 건물을 관리하는 데 있어서 스트레스를 받지 않게 된다.

개인이 자기 부동산 자산 관리에 최선을 다해 좋은 임차인을 유치하고, 유지시키고 건물의 미적 감각을 높이는 것뿐만이 아니라 서비스 품질이 높은 입주 서비스를 동네 꼬마 빌딩 시장에서 전파하는 행위는 결국 동네의 빌딩 임대차 시장의 품질을 높이는 결과를 가져온다. 새로운 건물주가 매매를 통해 동네 골목에 새롭게 등장하거나 기존 건물이 리모델링이나 신축을 계획할 때 각각의 건물주들은 주변을 둘러보게 될 것이다. 바보가 아니라면 본인 건물이 경쟁력을 갖기 위해 주변 경쟁 건물을 보게 되고 이왕이면 더 나은 건물로 완성하려는 노력을 들일 것이다. 그런 선순환의 경쟁은 결국은 동네 골목을 아름답게 만든다. 우리 동네에도 이런 가게가 있어, 우리 동네 카페는 월드 바리스타 챔피언이 하는 곳이야, 우리 동네에 청담동에나 있을 것 같은 일식집 생겼다! 등 동네 주민들의 입에서 호감의 말들이 돌아다니게 만드는 역할. 이것이 건물주가 할 수 있는 또 다른 사회적 기여가 된다.

기회를 잡는 자가 건물주가 된다

지금까지 이 책을 통해 중소형 빌딩을 어디서 어떻게 잘 매입해서 가치를 상승시킬 것인지가 빌딩주로서 마냥 좋은 일이 아니라, 건물을 매입해 운용하는 일이 얼마나 고도의 학습이 필요한 일인지를 이해했을 것이다. 같은 동네, 같은 골목에서 바로 옆 건물이라고 하더라도 다른 가치를 보이는 세상이다. 심지어 디자인이 똑같은 쌍둥이 건물일지라도 1층 임차인이 누구인지, 건물에서 임대료가 얼마나 발생하는지에 따라 다른 부동산 가격이 형성된다.

편한 건물주의 세상은 끝났다.

하지만, 여기서 기회는 오히려 많아졌다.

이면의 건물일지라도 우량 임차인을 유치하면 그 임차인이라는 콘텐츠 덕분에 사람들이 알아서 찾아올 수 있다. 이면 건물에 입점해 장사하는 카페 덕에 대로변 건물보다 온라인상에서 더 유명한 건물이 되고 세상에서 화제가 되는 건물이 될 수 있다. 화제가 되는 건물은 결국은 이름값을 가진다. 빌딩이 갖는 이름값은 결국 자산 가치를 상승시킨다는 의미다. 이면에 있지만, 대로변 못지않은 인지도와 임대료를 발생시킨다고 상상해 보라. 이제는 꿈같은 이야기가 아니다.

최근 부동산 거래 정보 대부분은 오픈되어 있다. 누구나 내 건물 옆 부동산의 매매가격을 알 수 있다. 이면 건물인데도 높은 금액에 판매된 사례가 상당히 많다. 그런 즐거운 가치 상승을 통한 수익 창출을 여러분의 기회로 만들어 보기를 바란다. 그런 즐거움을 선사하고자 이 책을 썼다. 여러분의 건물이 동네 1등 이름값을 갖게 되는 그날까지 여러분을 응원하고자 한다.

나는 모마 빌딩 월세로 연봉을 번다

초판 1쇄 발행 2024년 2월 14일

지은이 노창희
펴낸이 박영미
펴낸곳 포르체

책임편집 임혜원
마케팅 정은주
디자인 황규성

출판신고 2020년 7월 20일 제2020-000103호
전화 02-6083-0128 | 팩스 02-6008-0126
이메일 porchetogo@gmail.com
포스트 https://m.post.naver.com/porche_book
인스타그램 www.instagram.com/porche_book

여러분의 소중한 원고를 보내주세요.
porchetogo@gmail.com